Hauptkennziffern der wirtschaftlichen Entwicklung der europäischen RGW-Länder 1960–1975

Forschungsberichte
des Zentralinstitut für Wirtschaftswissenschaften
der Akademie der Wissenschaften der DDR
Nr. 1

W. KELLER · E. KIGYOSSY-SCHMIDT

Hauptkennziffern der wirtschaftlichen Entwicklung der europäischen RGW-Länder 1960–1975

AKADEMIE-VERLAG · BERLIN 1973

Erschienen im Akademie-Verlag GmbH Berlin,
108 Berlin, Leipziger Straße 3–4

Lizenznummer: 202 · 100/259/73
Bestellnummer: 2163/1
EDV-Nr.: 7523706 ES 5 B2
9,–

GELEITWORT
für die Reihe "Forschungsberichte" des Zentralinstituts für Wirtschaftswissenschaften der AdW der DDR

Mit dem vorliegenden Heft beginnt das Zentralinstitut für Wirtschaftswissenschaften bei der Akademie der Wissenschaften der DDR eine Reihe von Veröffentlichungen, in denen Probleme der marxistisch-leninistischen Theorie der Reproduktion im Sozialismus behandelt werden.

Der VIII. Parteitag der SED hat mit der Formulierung der Hauptaufgabe, die in der weiteren Erhöhung des materiellen und kulturellen Lebensniveaus des Volkes auf der Grundlage eines hohen Entwicklungstempos der sozialistischen Produktion, der Erhöhung der Effektivität und der Arbeitsproduktivität sowie des wissenschaftlich-technischen Fortschritts besteht, ein umfassendes Wirtschaftsprogramm von strategischer Bedeutung umrissen. Mit diesem Programm erwachsen für die marxistisch-leninistische Wirtschaftstheorie und für die Praxis des sozialistischen Aufbaus neue und komplizierte Aufgaben grundsätzlicher Natur. Mit der Gestaltung der entwickelten sozialistischen Gesellschaft entstehen auch höhere Anforderungen an die Untersuchung aller gesellschaftlichen Entwicklungsprozesse.

Die Gesellschaftswissenschaften im allgemeinen und die Wirtschaftswissenschaften im besonderen haben dazu beigetragen, neu auftretende Probleme zu untersuchen, den qualitativen Wandlungsprozeß gesellschaftlicher Erscheinungen zu analysieren und die Entwicklungsrichtung der gesellschaftlichen Prozesse rechtzeitig zu erkennen, um Lösungswege für herangereifte Fragen auszuarbeiten und vorzuschlagen. Dabei kommt es insbesondere darauf an, die charakteristischen Züge der sozialistischen Gesellschaft, ihre Gesetzmäßigkeiten und deren Wechselbeziehungen sowie die Einheit und Wechselwirkung aller gesellschaftlichen Bereiche im Zusammenhang mit der planmäßigen und proportionalen Entwicklung des sozialistischen Reproduktionsprozesses zu untersuchen.

Das Anliegen der hiermit eröffneten Publikationsreihe ist es, einen Beitrag zur Analyse der vor sich gehenden ökonomischen Prozesse, zur Ausarbeitung entsprechender theoretischer Verallgemeinerungen und zur öffentlichen Diskussion dieser Fragen zu leisten. Gemäß dem hauptsächlichen Forschungsgegenstand des Zentralinstituts für Wirtschaftswissenschaften konzentrieren sich diese Veröffentlichungen thematisch auf die mit der Intensivierung des Reproduktionsprozesses im Sozialismus verbundenen Probleme und behandeln sie aus volkswirtschaftlicher Sicht.

Bei der Erforschung der Gesetzmäßigkeiten der intensiv erweiterten Reproduktion ist die Theorie der sozialistischen Reproduktion in der ganzen Breite des Marxschen Begriffes zu erfassen. Deshalb ist auch der thematische Bogen der "Forschungsberichte" weit gespannt. Er umfaßt Untersuchungen zur Entwicklung und Gestaltung der Bedürfnisse und der Aufwandsstruktur - und zwar ausgehend vom objektiven Ziel der sozialistisch-kommunistischen Gesellschaftsformation -, zu den Wegen und Methoden der Beschleunigung des wissenschaftlich-technischen Fortschritts, zur volkswirtschaftlichen Effektivitätsrechnung, zu den Reproduktionsfaktoren Arbeitskräfte, Grundfonds und Arbeitsgegenstand, zu den qualitativen Wachstumsfaktoren Wissenschaft und Bildung, zu den Möglichkeiten und Wegen der ökonomisch-mathematischen Durchdringung des volkswirtschaftlichen Reproduktionsprozesses und nicht zuletzt auch zu den Gesetzmäßigkeiten der sozialistischen ökonomischen Integration und deren Wirkung auf den Reproduktionsprozeß.

Diese Untersuchungen zielen letztlich darauf ab, unsere Kenntnis der ökonomischen Gesetze des Sozialismus, ihrer Wechselbeziehung und konkreten Wirkungsweise zu vertiefen sowie die der jeweiligen historischen Situation entsprechenden Formen und Methoden ihrer Nutzung zu verbessern. Will man aber zur Erreichung dieses Zieles beitragen und die konkrete Wirkungsweise der ökonomischen Gesetze des Sozialismus erforschen helfen, so muß man eben die diesen Gesetzen zugrunde liegenden Prozesse und Entwicklungen bis ins Detail untersuchen. Es wird ein Anliegen dieser Publikationsreihe sein, diesen Entwicklungsprozessen bei der Intensivierung des Reproduktionsprozesses des Sozialismus nachzuspüren und sie verallgemeinernd darzustellen, um zu Schlußfolgerungen für die gesellschaftliche Praxis zu gelangen. Die Praxis - und das ist ein Leitprinzip der "Forschungsberichte" - wird also Ausgangs- und Endpunkt der hier vorgelegten Analysen sein. Damit wenden sie sich in gleicher Weise an Theoretiker und Praktiker.

Die Vielzahl der in Theorie und Praxis zu lösenden Fragen sowie ihre Vielschichtigkeit und Kompliziertheit läßt sich nur durch die gemeinsamen Anstrengungen der Praktiker und Theoretiker bewältigen. Unerläßliche Elemente dieses ständigen gemeinsamen Bemühens sind Gemeinschaftsarbeit, Kollektivität und Meinungsstreit. Die "Forschungsberichte" wollen dazu beitragen, diesen Elementen zu besserer Wirkung zu verhelfen. Dazu gehört z. B., daß schon bei der thematischen und inhaltlichen Gestaltung der Reihe eine enge Zusammenarbeit zwischen vorwiegend theoretisch arbeitenden und den in der Wirtschaftspraxis tätigen Ökonomen gewahrt wird. Es gehört aber auch dazu, daß offene Fragen zur Diskussion gestellt und noch nicht völlig ausgereifte, abgeschliffene und abgerundete Meinungen und Erkenntnisse vorgetragen werden können. Die Autoren werden sich daher nicht scheuen, Fragen aufzuwerfen, deren Verästelungen sie noch nicht völlig aufgespürt haben; sie werden Probleme zur Diskussion stellen, für die noch keine fertigen Lösungen parat sind; und sie werden Antworten zu geben versuchen, die vielleicht nicht die einzig möglichen sind. Dadurch werden die Beiträge in dieser Reihe gewissermaßen "Werkstattcharakter" haben. Gleichzeitig wird dies aber eine Anregung zu konstruktivem Meinungsstreit sein, als dessen Organ sich die Reihe damit versteht. Auf der Basis der Parteilichkeit und im Bewußtsein der Verantwortung für die erfolgreiche Weiterentwicklung der sozialistischen Gesellschaft die Diskussion über noch offene Probleme der marxistisch-leninistischen Wirtschaftstheorie und Wirtschaftspraxis zu beleben und damit der Lösung dieser Probleme voranzuhelfen - dies ist das Anliegen der "Forschungsberichte".

Karl Bichtler

INHALTSVERZEICHNIS

1. VORBEMERKUNG

In zunehmendem Maße wird der wirtschaftliche Fortschritt der Mitgliedsländer des RGW durch die Erweiterung und Vertiefung ihrer Zusammenarbeit bestimmt. Zu dieser Feststellung kam die XXVI. Tagung des RGW, die sich besonders mit dem Verlauf und Aufgaben bei der Realisierung des Komplexprogrammes[1] beschäftigte. Voll und ganz trifft das auch für die auf dem VIII. Parteitag der SED formulierte Hauptaufgabe, die "weitere Erhöhung des materiellen und kulturellen Lebensniveaus des Volkes auf der Grundlage eines hohen Entwicklungsniveaus der sozialistischen Produktion, der Erhöhung der Effektivität, des wissenschaftlichen und technischen Fortschritts und des Wachstums der Arbeitsproduktivität" zu. Die Erfüllung dieser aus dem ökonomischen Grundgesetz abgeleiteten Zielstellung erfordert immer stärker die Aufdeckung der internationalen Wirkungsweise der ökonomischen Gesetze des Sozialismus und deren bewußte und planmäßige Ausnutzung. "Im Fünfjahrplanzeitraum sind weitere Aufgaben zur Entwicklung einer effektiven Produktionsstruktur bei Sicherung der planmäßigen proportionalen Entwicklung der Volkswirtschaft und der Erfordernisse der sozialistischen ökonomischen Integration der Mitgliedsländer des RGW zu verwirklichen."[2] "Die Lösung der Aufgaben bei der weiteren Entwicklung der Volkswirtschaft wird erleichtert, wenn wir die sozialistische ökonomische Integration mit den Staaten des RGW sorgfältig pflegen und weiter ausbauen."[3]

Sozialistische Wirtschaftsintegration und Intensivierung des volkswirtschaftlichen Reproduktionsprozesses, die eine Grundforderung in allen Fünfjahrplänen der RGW-Länder darstellt, bilden eine untrennbare Einheit. Intensivierung erfordert zunehmend eine Vereinigung unserer materiellen und wissenschaftlichen Potenzen mit denen der Sowjetunion und der anderen RGW-Länder. Darin zeigt sich das immer stärkere Wirken der ökonomischen Gesetze des Sozialismus über den nationalen Rahmen hinaus. Umgekehrt ist die Intensivierung und sozialistische Rationalisierung in den einzelnen Ländern zugleich ein wesentlicher Faktor, der Umfang und Möglichkeiten der sozialistischen Wirtschaftsintegration mitbestimmt. Das heißt, es besteht eine sehr enge Wechselwirkung zwischen den nationalen Anstrengungen, dem Tempo, der Kontinuität und Intensivierung der nationalen wirtschaftlichen Entwicklung und der weiteren Durchsetzung des internationalen sozialistischen Vergesellschaftungsprozesses. Wachstum und Struktur des Nationaleinkommens, der Industrieproduktion, der Landwirtschaft und der Effektivität in den einzelnen Ländern sind so einerseits Ergebnis, zum anderen aber auch aktiver Faktor der praktischen Realisierung der sozialistischen Wirtschaftsintegration. Das Komplexprogramm des RGW bringt diesen Zusammenhang zwischen nationalem und internationalem deutlich zum Ausdruck und lenkt verstärktes Augenmerk auf die wirtschaftliche Entwicklung aller Mitgliedsländer. Annäherung und allmähliche Angleichung des ökonomischen Entwicklungsniveaus der Partnerländer als erklärtes Ziel des Integrationsprozesses sind unter dem gleichen Aspekt zu sehen.

In der vorliegenden Studie wird der Versuch unternommen, einige Haupttendenzen der wirtschaftlichen Entwicklung der europäischen RGW-Länder zu zeigen und in bestimmtem Umfange zu analysieren. Dabei kann es sich hier nur darum handeln, einen globalen Überblick über Hauptentwicklungsrichtungen zu vermitteln und Anregungen für detailliertere Untersuchungen bestimmter Trends zu geben.

Die Analyse umfaßt im wesentlichen die Entwicklung in den vergangenen 10 Jahren und den Perspektivplanzeitraum 1971 bis 1975. Sie stützt sich vornehmlich auf die Berichte über die Erfüllung der nationalen Fünfjahrpläne, die Direktiven und Volkswirtschaftspläne 1971 bis 1975, das Statistische Jahrbuch des RGW sowie einige ausgewählte Artikel. Von wenigen Ausnahmen abgesehen ging es uns nicht um den Vergleich absoluter Größen und Volumina, sondern um die Dynamik ausgewählter volkswirtschaftlicher Prozesse in diesen Ländern. Die Autoren sind sich bewußt, daß dabei wesentliche qualitative Veränderungen der nationalen Reproduktionsprozesse und ihrer wachsenden internationalen Verflechtung nur angedeutet werden konnten.

Ungeachtet dieser Einschränkung sollte das vorliegende Material zur besseren Information über wichtige Aspekte der wirtschaftlichen Entwicklung der europäischen RGW-Länder beitragen.

Bei der Zusammenstellung und Kontrolle der Tabellen wurden die Autoren von der statistisch-analytischen Rechengruppe des ZIW unterstützt.

2. NATIONALEINKOMMEN UND INTENSIVIERUNG DES REPRODUKTIONSPROZESSES

Erhöhung des Volumens und Verbesserung der qualitativen Struktur des Nationaleinkommens ist Voraussetzung für die Steigerung der Akkumulationskraft und der Entwicklung der Konsumtion. Dabei läßt sich das Wachstum des produzierten Nationaleinkommens auf zwei Quellen zurückführen:

- Erhöhung der Produktion durch zusätzlichen Arbeitskräfte- und Fondseinsatz;
- Erhöhung der Effektivität der Produktion und Strukturveränderungen zugunsten von Zweigen mit höherer Effektivität, was zunächst oft ebenfalls zusätzlichen Fondseinsatz erfordert.

Wesentliches Merkmal der Intensivierung des Reproduktionsprozesses und damit typisches Merkmal der gegenwärtigen Entwicklungsetappe der RGW-Länder ist die Erhöhung des Nationaleinkommenswachstums durch Effektivitätssteigerung.

In den Jahren 1966 bis 1970 lag das Wachstumstempo des Nationaleinkommens der europäischen RGW-Länder, mit Ausnahme Rumäniens, allgemein über den Zuwachsraten des vorangegangenen Fünfjahrplanes und damit gleichzeitig weit über dem der meisten kapitalistischen Industrieländer. Dabei läßt sich trotz recht hohen Tempos (zwischen 5, 2 und 8, 7 Prozent jährlich) eine stärkere Angleichung der Wachstumsraten in den einzelnen Ländern erkennen als in früheren Jahren. Im selben Zeitraum nähern sich auch die Entwicklungstempi von Nationaleinkommen und Industrieproduktion etwas stärker an. Das heißt, das Entwicklungstempo der Industrieproduktion entsprach etwa dem des Planzeitraumes 1961 bis 1965, währenddessen der Nationaleinkommenszuwachs mit 7, 2 gegenüber 6, 1 Prozent im jährlichen Durchschnitt der RGW-Länder 1966 bis 1970 beachtlich höher lag. Für diese positive Entwicklung sind verschiedene Faktoren von Bedeutung. Ausgehend davon, daß die Industrie in allen europäischen RGW-Ländern den höchsten Anteil am Aufkommen des volkswirtschaftlichen Nettoprodukts hatte (nach groben Berechnungen lag der Anteil der Landwirtschaft in den einzelnen Ländern 1960 bei etwa 20 bis 22 Prozent), gilt der Entwicklung des Volumens und der Effektivität der Industrieproduktion besondere Aufmerksamkeit. Für den gesamten RGW-Bereich läßt sich im Zeitraum 1951 bis 1970 eine gewisse Parallelität im Wachstum von Nationaleinkommen und Industrieproduktion feststellen (vgl. Abbildung 1). Dabei lag das Wachstum der Industrieproduktion ständig um 2 bis 3 Punkte über dem des Nationaleinkommens. Abbildung 1 zeigt den engen Zusammenhang zwischen Nationaleinkommens- und Industrieproduktionszuwachs. Allerdings verbirgt sich hinter diesem scheinbar direkten Zusammenhang eine Reihe einander teilweise kompensierender Einflußfaktoren für die Nationaleinkommensentwicklung. Beispielsweise führten die Erhöhung der landwirtschaftlichen Produktion und Produktivität in den Jahren 1951 bis 1955 sowie die Produktivitätssteigerung in anderen Bereichen der Volkswirtschaft nicht zu höheren Wachstumsraten des Nationaleinkommens. Diese Faktoren konnten die Wachstumsproportionen von Nationaleinkommen und Industrieproduktion nicht wesentlich beeinflussen, weil sich gleichzeitig der Anteil des Produktionsverbrauchs an der Bruttoproduktion der Industrie erhöhte. Für eine gründlichere Analyse dieser Zusammenhänge reichen allerdings die vorliegenden Daten nicht aus. Ebenso sind die aus der zunehmenden internationalen sozialistischen Arbeitsteilung resultierenden Effekte auf das Wachstum von Industrieproduktion und Nationaleinkommen noch nicht genügend quantifizierbar.

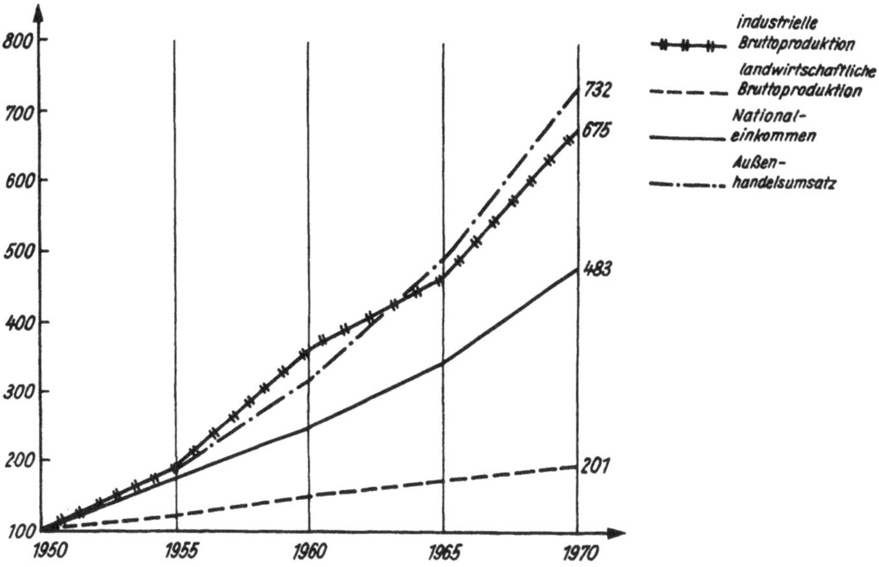

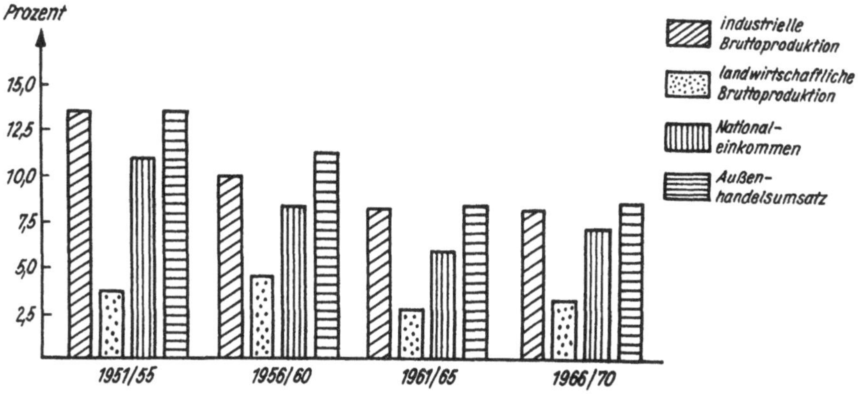

Abb. 1 (oben) Wirtschaftliches Wachstum der RGW-Länder in den Jahren 1950 - 1970 (Index 1950 = 100)

(unten) Durchschnittlicher jährlicher Zuwachs im jeweiligen 5-Jahres-Zeitraum

Wertetabelle zu Abbildung 1

Wirtschaftliche Wachstumsraten der RGW-Länder[4]
1951/55 - 1966/70
(Jahresdurchschnitt in Prozent)

	1951/55	1956/60	1961/65	1966/70
Industrielle Bruttoproduktion	13, 6	10, 1	8, 3	8, 2
Landwirtschaftliche Bruttoproduktion	3, 8	4, 6	2, 7	3, 2
Nationaleinkommen	11, 0	8, 4	6, 1	7, 2
Außenhandelsumsatz	13, 6	11, 3	8, 4	8, 5

Etwas genauer lassen sich einige Einflußfaktoren der Nationaleinkommensentwicklung im Zeitraum von 1961 bis 1970 einschätzen.

Einen wesentlichen Faktor zur Intensivierung der Produktion, zur qualitativen Vervollkommnung und besseren Nutzung der materiellen Elemente des Reproduktionsprozesses und damit zur Erhöhung des Nationaleinkommens bildet die Arbeitsproduktivität.

Insgesamt läßt sich feststellen, daß in den vergangenen zwei Fünfjahrplanperioden keine größeren Veränderungen in den Wachstumsraten der industriellen Produktivität zu verzeichnen waren, soweit das ein einzelnes Land betrifft. Eine gewisse Ausnahme dabei machen lediglich Ungarn, wo der Produktivitätszuwachs von durchschnittlich 4, 9 Prozent jährlich in der Planperiode 1961 bis 1965 auf etwa 3, 7 Prozent im Planzeitraum 1966 bis 1970 absank, und die UdSSR, in der sich eine Steigerung von durchschnittlich jährlich 4, 6 auf 5, 7 Prozent (vgl. Tabelle 8b) ergibt. Zur Produktivitätsentwicklung in Ungarn kann dabei festgestellt werden, daß der niedrige Durchschnitt vor allem durch sehr geringe Zuwachsraten vor und zu Beginn der Wirtschaftsreform zustande kam, währenddessen im Jahre 1970 bereits eine wesentlich höhere Zuwachsrate realisiert wurde. In der Planperiode 1966 bis 1970 zeigten sich in der UdSSR offensichtlich die ersten Ergebnisse der 1965 im März und September gefaßten Beschlüsse des ZK der KPdSU zur Vervollkommnung der Leitung und Planung der

Volkswirtschaft, bei denen die Erhöhung der Effektivität der Produktion im Mittelpunkt stand. Mit Ausnahme Ungarns konnten in dieser Planperiode alle europäischen RGW-Länder die für den Zeitraum 1961 bis 1965 in Erscheinung getretene Verlangsamung der Produktivitätsentwicklung stoppen.

Zugleich konnte in der zweiten Hälfte der sechziger Jahre dem weiteren Steigen der Fonds- und Materialintensität entgegengewirkt werden. Dadurch wurde der Produktionsverbrauch gesenkt und ein zusätzlicher Wachstumseffekt des Nationaleinkommens erzielt.

Wie die folgende Übersicht zeigt, war der Anteil des Beschäftigtenzuwachses am Nationaleinkommenszuwachs in den einzelnen Ländern bis 1965 recht unterschiedlich.[5]

	Anteil des Beschäftigtenzuwachses am Nationaleinkommenswachstum			Anteil der Effektivitätssteigerung am Nationaleinkommenswachstum		
	1951-1955	1956-1960	1961-1965	1951-1955	1956-1960	1961-1965
Bulgarien	12	11	14	88	89	86
Ungarn	31	21	-13	69	79	113
DDR	20	- 9	6	80	109	94
Polen	16	10	17	84	90	83
Rumänien	12	24	12	88	76	88
UdSSR	18	20	25	82	80	75
ČSSR	12	0	27	88	100	77

Obgleich genaue Angaben darüber noch nicht gebracht werden können, ergeben erste vorläufige Berechnungen, daß im vergangenen Planzeitraum die Zunahme der Beschäftigtenzahlen in allen RGW-Ländern (auch in der DDR) für das Wachstum des Nationaleinkommens größere Bedeutung hat als im Planjahrfünft 1961 bis 1965. Mit Ausnahme der DDR und der ČSSR wird auch im Perspektivplanzeitraum der zusätzliche Einsatz von Arbeitskräften noch einen bestimmten Anteil an der Nationaleinkommensentwicklung ausmachen, da die Arbeitsproduktivität langsamer wächst als das Nationaleinkommen. Angesichts der geplanten Entwicklungen müßten sonst bei konstanten oder rückläufigen Arbeitskräftezahlen in der Industrie die Anteile der Industrie am Aufkommen des

Nationaleinkommens zurückgehen.

Die Konzentration aller Kräfte auf die Steigerung der Arbeitsproduktivität im Prozeß der weiteren Intensivierung des volkswirtschaftlichen Reproduktionsprozesses in den europäischen RGW-Ländern kommt in hohen Steigerungsraten der industriellen Produktivität von 1971 bis 1975 zum Ausdruck. Wenn in den vergangenen Fünfjahrzeiträumen in einigen Ländern der Gesamtzuwachs nur wenig über 20 Prozent betrug, so liegen die Zuwachsraten für die neue Fünfjahrplanperiode im Durchschnitt der RGW-Länder zwischen 30 und 40 Prozent.

Daraus ergibt sich, daß in den kommenden Jahren in allen Ländern die Arbeitsproduktivität einen immer größeren Anteil am Produktions- und Nationaleinkommenszuwachs ausmacht. Beispielsweise werden in der Industrie der UdSSR 87 Prozent des Produktionszuwachses von 1971 bis 1975 aus der Produktivitätserhöhung stammen. In der DDR erfolgte schon im vergangenen Planzeitraum die Produktionssteigerung zu 95 Prozent aus der Erhöhung der Arbeitsproduktivität. In der neuen Fünfjahrplanperiode wird der Produktionszuwachs in der DDR und auch in der ČSSR fast vollständig durch die Erhöhung der Produktivität erbracht werden müssen, da keine zusätzlichen Arbeitskräfte zur Verfügung stehen. In der Volksrepublik Ungarn steigt der Anteil der Arbeitsproduktivität am Wachstum der Industrieproduktion von 55 bis 60 Prozent im vergangenen Planzeitraum auf 75 bis 80 Prozent. Eine ähnliche Veränderung enthält die bulgarische Plandirektive, nach der dieser Anteil auf 70 bis 80 Prozent gegenüber 55 bis 60 Prozent im abgelaufenen Zeitraum steigen wird. In Polen sind es ebenfalls über 70 Prozent. Auch in der VR Rumänien werden ca. 75 Prozent des gegenüber den anderen Ländern wesentlich höheren geplanten Produktionszuwachses durch Produktivitätssteigerungen erreicht werden. (Vgl. dazu auch Tabellen 2 und 8 des Anhangs.) Daraus ergeben sich für die ČSSR und DDR etwa gleiche, für die übrigen Länder stärker angenäherte Wachstumstempi von Industrieproduktion und Arbeitsproduktivität als in den Vorjahren.

Bestehen bleiben auch für die Planperiode 1971 bis 1975 die relativ großen Unterschiede im Wachstumstempo der industriellen Produktivität zwischen den einzelnen europäischen RGW-Ländern (7, 1 bis 7, 7 Prozent in Rumänien und 4, 5 bis 4, 8 Prozent in Ungarn).

Bei allgemein höheren Wachstumsraten der Arbeitsproduktivität in der Industrie liegen die Raten des Nationaleinkommenswachstums im Perspektivplanzeitraum etwa zwischen denen der Jahre 1961 bis 1965 und 1966 bis 1970. Eine

Ausnahme davon macht Rumänien, das bei etwa gleichbleibender Arbeitsproduktivitätssteigerung beachtlich höhere Zuwachsraten des Nationaleinkommens als in den vergangenen 10 Jahren geplant hat (vgl. Abbildung Nr. 2).

Diese Erscheinung weist auf eine schnelle Effektivitätserhöhung in den anderen Bereichen der Volkswirtschaft - vor allem wohl in der Landwirtschaft - und evtl. auch auf eine stärkere Verbesserung der Grundfondsquote und Senkung der Materialintensität in der Industrie hin.

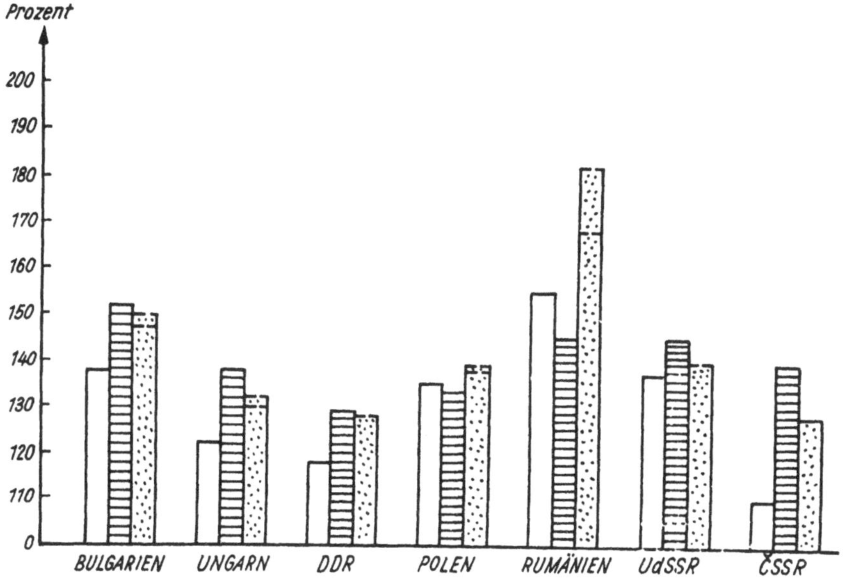

Abb. 2 Wachstum des Nationaleinkommens der europäischen RGW-Länder im jeweiligen 5-Jahres-Zeitraum

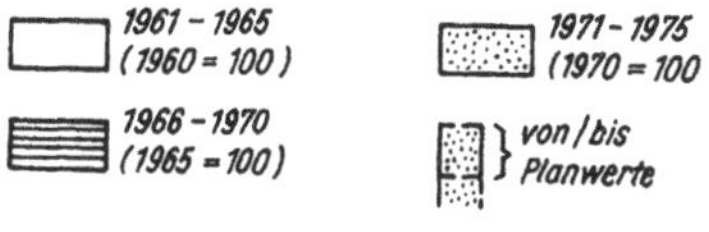

Die Entwicklung des Nationaleinkommens und der Industrieproduktion im ersten Jahr des Fünfjahrplanes zeigt folgendes Bild:

Entwicklung des Nationaleinkommens und der Industrieproduktion 1970/71 in Prozent

	Nationaleinkommen	Industrieproduktion
Bulgarien	9,4 (8,2)+	9,5 (9,5)
Ungarn	8,0 (5,6)	5,0 (5,9)
DDR	4,5 (4,9)	5,5 (6,2)
Polen	7,5 (6,8)	8,0 (8,2)
Rumänien	12,5 (11,8)	11,5 (11,1)
UdSSR	6,0 (6,8)	7,8 (8,1)
ČSSR	6,9 (5,1)	6,9 (6,2)

+ in Klammern das erforderliche jährliche durchschnittliche Wachstumstempo für den gesamten Planzeitraum

Demnach wurden in Bulgarien, Ungarn, Polen, Rumänien und der ČSSR schon im 1. Planjahr die durchschnittlichen Zuwachstempi des Nationaleinkommens teilweise beachtlich übertroffen, während die DDR und UdSSR sie noch nicht erreichten. Hinsichtlich der Industrieproduktion sind es vor allem Ungarn und die DDR, die das Durchschnittstempo noch nicht erreichten. Die Arbeitsproduktivität in der Industrie der DDR blieb mit einem Wachstum von 4,5 Prozent auch unter der Zielstellung des Jahresplanes (5,4 Prozent). In Ungarn wurde hier eine Wachstumsrate von 5,3; in der UdSSR von 6,3 und der ČSSR von 6,5 Prozent erzielt. Der Vergleich mit den Durchschnittstempi entsprechend der Fünfjahrplanziele muß bei einer Vertiefung der Analyse im Zusammenhang mit den unterschiedlichen Wachstumsschwerpunkten der einzelnen Länder betrachtet werden. So sieht die Konzeption der DDR beispielsweise eine stärkere Progression der Wachstumstempi ab 1973 vor, wie folgende Kennziffern zeigen:

Entwicklung wichtiger Kennziffern bis 1975[6]

	1972	1973	1974	1975
	gegenüber 1970 in Prozent			
Produziertes Nationaleinkommen	109, 3	114, 6	120, 4	127, 0
Industrielle Warenproduktion insgesamt	111, 2	118, 3	126, 1	134, 0
Arbeitsproduktivität (Bereich der Industrieministerien)	109, 8	117, 4	125, 7	135, 0

Diese spezifische Entwicklung ist unter anderem weiteren strukturellen Veränderungen und der allmählichen Überwindung vorhandener Disproportionen und Stabilisierung unseres wirtschaftlichen Entwicklungsprozesses geschuldet.

Einen zusammenfassenden Überblick über die Entwicklung des Nationaleinkommens, der Industrieproduktion und der landwirtschaftlichen Produktion gibt die folgende Übersicht (ergänzend dazu wird auf die Tabellen 8a und 8b des Anhanges verwiesen):

Jährliches Wachstumstempo des Nationaleinkommens, der industriellen und der landwirtschaftlichen Produktion der europäischen RGW-Länder im jeweiligen Fünfjahr-Zeitraum
(nach der Höhe der Zuwachsraten in den einzelnen Ländern)

	Nationaleinkommen		Industrieproduktion		Landwirtschaftliche Produktion	
			1961 - 1965			
1.	Rumänien	(9, 2)	Rumänien	(13, 8)	Bulgarien	(3, 2)
2.	Bulgarien	(6, 7)	Bulgarien	(11, 7)	Polen	(2, 8)
3.	UdSSR	(6, 5)	UdSSR	(8, 6)	Rumänien	(2, 5)
4.	Polen	(6, 2)	Polen	(8, 4)	UdSSR	(2, 3)
5.	Ungarn	(4, 1)	Ungarn	(7, 6)	Ungarn	(1, 2)
6.	DDR	(3, 4)	DDR	(5, 7)	DDR	(0, 8)
7.	ČSSR	(1, 9)	ČSSR	(5, 2)	ČSSR	(-0, 6)
			1966 - 1970			
1.	Bulgarien	(8, 7)	Rumänien	(11, 8)	ČSSR	(4, 9)
2.	Rumänien	(7, 6)	Bulgarien	(10, 9)	UdSSR	(3, 9)
3.	ČSSR	(7, 0)	UdSSR	(8, 5)	Bulgarien	(3, 5)
4.	UdSSR	(6, 6)	Polen	(8, 4)	Ungarn	(3, 0)
5.	Ungarn	(6, 6)	ČSSR	(6, 7)	Polen	(1, 9)
6.	Polen	(5, 9)	DDR	(6, 6)	Rumänien	(1, 9)
7.	DDR	(5, 2)	Ungarn	(6, 1)	DDR	(1, 6)
			1971 - 1975			
1.	Rumänien	(11, 8)	Rumänien	(11, 6)	Rumänien	(7, 3)
2.	Bulgarien	(8, 2)	Bulgarien	(9, 6)	UdSSR	(3, 9)
3.	UdSSR	(6, 8)	Polen	(8, 1)	Bulgarien	(3, 7)
4.	Polen	(6, 8)	UdSSR	(7, 6)	Polen	(3, 7)
5.	Ungarn	(5, 7)	ČSSR	(6, 2)	Ungarn	(2, 9)
6.	ČSSR	(5, 1)	DDR	(6, 2)	ČSSR	(2, 7)
7.	DDR	(4, 9)	Ungarn	(5, 8)	DDR	(2, 5)

Die Rangfolge der Länder bei den einzelnen Positionen läßt gleichzeitig gewisse Schlußfolgerungen auf die enge Korrespondenz dieser Hauptkennziffern oder anders ausgedrückt, auf die Bedeutung des Wachstums der industriellen und landwirtschaftlichen Produktion sowie der industriellen Produktivität für die Erhöhung des Nationaleinkommens zu.

Zugleich wird aus diesen Wachstumsprozessen deutlich, daß sich offenbar eine immer stärkere Annäherung und allmähliche Angleichung des ökonomischen Entwicklungsniveaus vollzieht, ungeachtet dessen, daß gegenwärtig hinter diesen Wachstumsraten - entsprechend dem erreichten Entwicklungsstand - recht unterschiedliche Volumen stehen.

3. INVESTITIONSRICHTUNGEN UND STRUKTURELLE ENTWICKLUNG DER INDUSTRIE

Die Analyse volkswirtschaftlicher Strukturveränderungen und ihres Einflusses auf das Wirtschaftswachstum gewinnt in den letzten Jahren zunehmend an Bedeutung. Im Vordergrund stehen dabei Untersuchungen der Zweigstrukturen, der Arbeitskräftestruktur, der Grundfonds und Investitionen und deren Wirkung auf das Tempo der volkswirtschaftlichen Entwicklung und der Effektivitätssteigerung. Selbst nach vorsichtigen Berechnungen haben Strukturveränderungen heute einen Anteil von 15 - 25 Prozent am volkswirtschaftlichen Produktivitätswachstum.

"Von der richtigen Lösung der Strukturprobleme hängen weitgehend das Tempo des wirtschaftlichen Wachstums, die Möglichkeiten der für die Entwicklung der Wirtschaft und die Hebung des Lebensniveaus des Volkes notwendigen Akkumulationen ab."[7]

Die Planung und Realisierung volkswirtschaftlicher Strukturen muß folglich sozialistische Zielrealisierung und Effektivitätsproblematik als einheitliche Aufgabenstellung umfassen. Die Verwirklichung effektiver Grundstrukturen im Prozeß der sozialistischen Wirtschaftsintegration erfordert eine gründliche Analyse der gegenwärtigen volkswirtschaftlichen Strukturen, ihrer Entwicklungstendenzen und der damit verbundenen langfristigen Bedarfsentwicklung bei allen Integrationspartnern.

Ausgehend davon, daß Investitionen ein entscheidendes Mittel zur Veränderung der Produktionsstruktur und zusammen mit den Maßnahmen der Rationalisierung einen wesentlichen Faktor zur Intensivierung des volkswirtschaftlichen Reproduktionsprozesses darstellen, sind Entwicklung und Struktur der Investitionen von besonderer Bedeutung für Analysen volkswirtschaftlicher Entwicklungen.

Das Entwicklungstempo des Investitionsvolumens in der Volkswirtschaft der europäischen RGW-Länder veränderte sich 1966 - 70 gegenüber dem vorangegangenen Planzeitraum außer in Rumänien nur geringfügig und wies allgemein sehr hohe Zuwachsraten auf. Der Übergang zur intensiveren Entwicklung bis

1975 zeigt sich demgegenüber auch in allgemein zurückgehenden Raten. Gleichzeitig nähert sich das Wachstumstempo der Investitionen in den einzelnen Ländern (ca. 6 Prozent) mit Ausnahme Rumäniens (10, 7 Prozent) an. Allerdings entspricht dem in Rumänien, wie schon gezeigt, auch ein überdurchschnittliches Nationaleinkommens-Wachstum (vgl. Tabelle 1a und 1b des Anhangs).

Für die vorangegangenen Planperioden gilt, daß der Zuwachs des gesamten Investitionsvolumens größer als der des Nationaleinkommens war. In den Fünfjahrplänen für 1971 bis 1975 soll das Entwicklungstempo der Investitionen in der Volkswirtschaft ungefähr mit der Zuwachsrate des Nationaleinkommens übereinstimmen. Eine Ausnahme bilden Bulgarien, wo das Investitionsvolumen langsamer und die ČSSR, wo das Investitionsvolumen schneller als das Nationaleinkommen wächst (vgl. Tabelle 1a und 5a). Die Unterschiede der jährlichen Veränderungen des Investitionsvolumens sind in Bulgarien, Ungarn und der ČSSR größer als in den anderen europäischen Mitgliedstaaten des RGW (siehe Tabelle 5c).

In den Hauptbereichen der Volkswirtschaft entwickelte sich das Investitionsvolumen in den einzelnen Ländern des RGW sehr verschieden. Besonders fällt auf, daß die Investitionen in der Bauwirtschaft in der zweiten Hälfte der sechziger Jahre in allen Ländern schneller anstiegen als die Industrieinvestitionen. Das trifft mit Ausnahme der DDR und UdSSR auch für die Investitionen im Transport- und Verkehrswesen zu, wobei hier der Investitionszuwachs in der Mehrzahl der Länder höher lag als vergleichsweise 1965 gegenüber 1960 (vgl. Tabelle 5d).

Die Investitionsstruktur der europäischen RGW-Länder in den Perioden 1955 bis 1970 zeigt, daß die Industrie etwa 35 bis 50, die Landwirtschaft 12 bis 18 und die kommunale Wohnungswirtschaft sowie Dienstleistungen ungefähr 12 bis 25 Prozent des gesamten Investitionsvolumens beanspruchten. Eine einheitliche Tendenz der Veränderungen ist nicht festzustellen (siehe Tabelle 5e).

Die Tabellen 6 und 7 zeigen allerdings, daß sich in allen Ländern im Zusammenhang mit einem ständig hohen Investitionsanteil der Industrie und Bauwirtschaft an den Gesamtinvestitionen (1970 in Bulgarien 48 %; Ungarn 36 %; DDR 55 %; Polen 44 %; Rumänien 52 %; UdSSR 39 %; ČSSR 42 %) deren Anteil sowohl hinsichtlich des akkumulierten Potentials als auch der Beschäftigtenzahl wesentlich erhöht hat.

Die Investitionsstruktur der Industrie weist eine zunehmend einheitliche Entwicklungsrichtung in allen Ländern auf (vgl. Tabelle 5f). Während von den dort angeführten vier Industriezweigen der Maschinenbau 1955 und zum Teil auch noch 1960 in der Regel den geringsten Anteil an den gesamten Industrieinvestitionen hatte, steht er 1970 durchweg an erster Stelle. Damit konnte sich, wie im Kommuniqué der 57. Sitzung des RGW-Exekutivkomitees festgestellt wird[8], der Maschinenbau in den Mitgliedsländern in einem Tempo entwickeln, das das Zuwachstempo der gesamten Industrie übertrifft. Gleichzeitig gingen im Maschinenbau Strukturveränderungen zugunsten der Produktion hochproduktiver Maschinen und Ausrüstungen sowie Mechanisierungs- und Automatisierungsmitteln vor sich. Im Ergebnis dessen erhöhte sich der gegenseitige Warenumsatz bei Maschinen und Ausrüstung 1970 gegenüber 1960 auf etwa das Dreifache. Auch der Anteil der Chemieinvestitionen nahm allgemein zu, der für Energie- und Brennstoffe ging zurück. Im Vordergrund steht jetzt die Erhöhung der Effektivität der Investitionen selbst und des Maschinenbaus, wodurch erstens die spezifischen Material- und Energieverbrauchsnormen gesenkt werden und zweitens die Export- und Importeffektivität verbessert wird. Dies bedeutet einmal, daß die Roh- und Brennstoffeinfuhr mit Exportüberschüssen aus dem Maschinenbau bezahlt werden kann und zum anderen, daß die Rohstoff- und Brennstoffeinfuhr relativ gesenkt wird.

Die von L. Breshnew im Rechenschaftsbericht des ZK der KPdSU an den XXIV. Parteitag erhobene Forderung, besonders auch im Maschinenbau durch Erhöhung des Schichtkoeffizienten auf eine erhöhte Effektivität der Produktionsfonds und Investitionen hinzuwirken, ist auch für die DDR und andere europäische RGW-Länder voll gültig.

Ein wesentlicher Faktor für die Intensivierung des Reproduktionsprozesses im Planzeitraum bis 1975 und darüber hinaus läßt sich in allen analysierten Ländern aus den in den Direktiven vorgesehenen Maßnahmen zur allmählichen Veränderung der volkswirtschaftlichen Strukturen erkennen.

Neben der Charakteristik einiger typischer Investitionsschwerpunkte in den einzelnen Ländern soll im folgenden vor allem auf bestimmte typische Veränderungen in der industriellen Struktur verwiesen werden. Allgemeine Schwerpunkte zum Ausbau der Grundstrukturen der Industrie sind dabei weiterhin

- die Elektroenergieerzeugung
- die chemische Industrie
- der Maschinenbau und die metallverarbeitende Industrie (hierunter mit Abstand die elektronische und elektrotechnische Industrie). Große Aufmerksamkeit

gilt darüber hinaus der Entwicklung der Metallurgie.

Bulgarien: Im Fünfjahrplan wird besonders auf die Verbesserung der Struktur der Investitionen hinsichtlich ihrer Verteilung auf Neubauten, Rekonstruktions- und Modernisierungsvorhaben orientiert. Eine Erhöhung der Effektivität der Investitionen soll durch stärkere Konzentration der Mittel, Verkürzung der Projektierungs- und Bauzeiten sowie verstärkte Modernisierungsmaßnahmen erreicht werden. Deshalb wurde geplant, 35 Prozent aller in der materiellen Produktion zur Verfügung stehenden Investitionsmittel für Rekonstruktions- und Erweiterungsbauten einzusetzen.

In der Industrie sind folgende Aufgaben hervorgehoben:

- Die Produktion von Elektroenergie wird um 34 Prozent gesteigert.
- In der Metallurgie steigt der Ausstoß von Walzmaterial aus Schwarzmetallen auf annähernd das Zweifache.
- In der chemischen und petrolchemischen Industrie wird insbesondere die Produktion von Stickstoff- und Phosphordüngemitteln, Äthylen, Synthesekautschuk, Polyäthylen, Polystyrol, Polyvinylchlorid, Azetaldehyd, Plaststoffen, synthetischen Harzen sowie Chemiefaserstoffen entwickelt.
- Die Produktion des Maschinenbaus soll sich von 1971 bis 1975 fast verdoppeln. Den Vorrang werden dabei die elektronische Rechentechnik (beispielsweise steigt der Ausstoß von elektronischen Rechenanlagen auf das Zehnfache), der Schiffbau, der Werkzeugmaschinenbau (Steigerung auf das 2,4fache), die Produktion von Hebezeugen und Fördermitteln und der Landmaschinenbau haben. Der Anteil des Maschinenbaus an der Industrieproduktion ist bis 1975 auf 26 Prozent im Vergleich zu 20 Prozent im Jahre 1969 zu steigern.

Ungarn: Im Fünfjahrplan der VR Ungarn zeichnen sich deutlich zwei Investitionsschwerpunkte ab. Bei einem Gesamtvolumen von 480 bis 500 Mrd. Ft sind das in erster Linie die Industrie mit 196 bis 197 Mrd. Ft oder ca. 40 Prozent der Gesamtinvestitionen sowie Verkehrs- und Straßenwesen mit 83 Mrd. Ft oder ca. 17 Prozent. Es folgt die Landwirtschaft mit etwa 13 Prozent. Auch in der UVR wird auf eine verstärkte Konzentration der Investitionsmittel auf volkswirtschaftlich bedeutsame Schwerpunkte (das sind 15 Großobjekte) orientiert. Eine starke Veränderung in der Grundstruktur der Investitionen ergibt sich vor allem daraus, daß gegenüber dem Plan 1966 bis 1970 ihr Volumen im Produktionsbereich um 25 Prozent, im Nichtproduktionsbereich um 59 bis 61 Prozent zunehmen wird.

In der Industrie stehen folgende Hauptaufgaben:

- Modernisierung der volkswirtschaftlichen Energiestruktur;
- Weiterentwicklung der Aluminium- und der chemischen Industrie;
- stärkere Chemisierung der verschiedensten Bereiche der Volkswirtschaft;
- Erhöhung der Produktion von Straßenverkehrs- und Transportmitteln;
- Rekonstruktion der Bekleidungsindustrie;
- Anwendung moderner Methoden in der Bauwirtschaft;
- Modernisierung des Transports in der ganzen Volkswirtschaft;
- Anwendung der Elektrotechnik und moderner Rechenmaschinen.

Besonders schnell werden dabei folgende Zweige entwickelt:

- Schwarzmetallurgie;
- Aluminiumindustrie;
- Maschinenbau;
- chemische Industrie (petrolchemische Erzeugnisse, Plaststoffe, Synthesefaserstoffe, Düngemittel, Pflanzenschutz- und Futterzusatzmittel und Pharmazeutika;
- Baustoffindustrie;
- Textilindustrie;
- Zellulose- und Papierindustrie;
- Lebensmittelindustrie.

DDR: Aus den Planaufgaben zeigt sich, daß die Energiewirtschaft (mit mehr als 30 Prozent der Industrieinvestitionen), Bauwirtschaft und chemische Industrie einen wesentlichen Teil des Investvolumens binden. Entscheidend sind dabei für den Planzeitraum die bessere Gewährleistung von Stabilität und Proportionalität sowie Investitionen für die Fertigstellung unvollendeter Objekte und die komplexe Rationalisierung.

Hauptentwicklungsrichtungen in der Industrie der DDR bis 1975:

- In der Energiewirtschaft soll der Übergang zu einer effektiven Energiestruktur bei Durchsetzung eines hohen Nutzeffekts in der Gewinnung, Umwandlung und Anwendung der Energieträger sowie schrittweiser Reduzierung der Energiedefizite planmäßig durchgesetzt werden.
- In der chemischen Industrie wird mit einer Steigerung der Produktion von Plast- und Plastwerkstoffen auf 173 bis 183 Prozent, von synthetischen Faser-

stoffen auf 213 bis 223 Prozent, der Bereitstellung von Stickstoff für die Landwirtschaft auf 137 bis 146 Prozent gerechnet.

- Die industrielle Warenproduktion der Metallurgie ist auf 130 bis 135 Prozent zu steigern, die Produktion von Walzstahl auf 128 bis 132 Prozent.
- Die industrielle Warenproduktion der Kaliindustrie wird voraussichtlich auf 118 bis 120 Prozent gesteigert.
- Auf dem Gebiet der Elektrotechnik und der Elektronik ist eine Steigerung der Produktion auf 168 bis 176 Prozent geplant.
- Innerhalb des Maschinenbaus wird die Produktion des Schwermaschinen- und Anlagenbaus auf 140 bis 142 Prozent und des Verarbeitungsmaschinen- und Fahrzeugbaus auf 139 bis 141 Prozent gesteigert.

Polen: Die Hauptinvestitionsanstrengungen gelten der Industrie (606 von insgesamt 1430 Mrd. Złoty). Darüberhinaus erhalten Maschinenbau und Bergbau sowie der Wohnungsbau (200 Mrd. Złoty) bedeutende Mittel.

Schwerpunkte der industriellen Entwicklung Polens bis 1975 sind:

- Kupfer- und Zinkproduktion (Förderung und Verarbeitung sollen in einem hohen Tempo wachsen).
- Maschinenbau (der Plan sieht eine Produktionssteigerung um 67 Prozent vor. Bedeutende Veränderungen sind in der Struktur und im technischen Niveau des Maschinenbaus geplant).
- Chemische Industrie (die Produktion 1975 soll die Werte von 1970 um 52 Prozent übersteigen).
- Baumaterialindustrie (eine Intensivierung und Modernisierung des Industriezweiges muß durchgesetzt werden. Die Produktion von Zement erhöht sich um 45 Prozent).

Diese Vorhaben sind gleichzeitig Grundlage für die Beschleunigung des Ausbaus der Konsumgüterindustrie und eine überdurchschnittliche Steigerung der Konsumgüterproduktion.

So werden die Lebensmittelindustrie, die Leicht- und Möbelindustrie (die Produktion der Leichtindustrie für den Inlandbedarf steigt um 49 Prozent, für den Export um 63 Prozent, die Produktion von Möbeln um 53 Prozent) und jene Zweige des Maschinenbaus, die über das Niveau der Produktion von industriellen Konsumgütern entscheiden, besonders entwickelt. Besonders gefördert werden in diesem Zusammenhang auch Kleinindustrie, Produktionsgenossenschaften und das Handwerk.

Rumänien: 75 Prozent der für die Industrie geplanten Investitionssumme werden in der chemischen und metallurgischen Industrie, der metallverarbeitenden Industrie und Energiewirtschaft eingesetzt. Allein in der chemischen Industrie wird sich die Investitionssumme gegenüber dem vorangehenden Zeitraum verdoppeln, was eine Verdoppelung der Produktion an chemischen Erzeugnissen zur Folge haben soll.

Einen Schwerpunkt stellen auch die elektronische und feinmechanische Industrie dar, die besonders ausgebaut werden und ihren Ausstoß gegenüber dem vergangenen Planzeitraum auf das 3,4fache erhöhen sollen.
Des weiteren ist eine erhebliche Steigerung der Produktion von
- Schiffen;
- Mitteln der Rechentechnik und Erzeugnissen für die Automatisierung;
- Werkzeugmaschinen;
- Maschinen und Ausrüstungen für die Landwirtschaft sowie Baumaterialien

vorgesehen.

Sowjetunion: Die Zielstellungen der Investitionstätigkeit im 9. Planjahrfünft der UdSSR lassen deutlich die Konzentration aller Kräfte auf die Durchsetzung des ökonomischen Grundgesetzes des Sozialismus erkennen. Bei einem Investitionsvolumen von ca. 500 Mrd. Rubel, das heißt ca. 40 Prozent mehr als im vergangenen Zeitraum, ist vorgesehen, diese Mittel in wesentlich anderen Proportionen auf die Volkswirtschaft zu verteilen. Im Vordergrund stehen dabei landwirtschaftliche sowie energie- und rohstoffwirtschaftliche Vorhaben. Zum Beispiel werden sich die staatlichen Investitionen in der Landwirtschaft um mehr als 70 Prozent, im Traktoren- und Landmaschinenbau um etwa 100 Prozent, für die Produktion von Mineraldünger und Pflanzenschutzmitteln um 60 Prozent und in der Leichtindustrie um 90 Prozent erhöhen. Zusammen mit den Mitteln der Kolchosen wird im Planjahrfünft in der sowjetischen Landwirtschaft und den Zweigen, die der materiell-technischen Versorgung der Landwirtschaft dienen, die gewaltige Summe von 158,3 Mrd. Rubel investiert werden. Die Vergrößerung der Produktionskapazitäten in allen Bereichen der sowjetischen Volkswirtschaft erfordert, wie in den Direktiven vorgesehen, eine Konzentration der Investitionen, die Verringerung der gleichzeitig zu errichtenden Objekte und die Verkürzung der Projektierungs- und Bauzeiten. In der

Plandirektive wird - als eine der wichtigsten Maßnahmen zur Erhöhung der Effektivität der Investitionen - auf die Rationalisierung bestehender Betriebe durch Einführung moderner Technologien sowie den Ersatz und Modernisierung veralteter Ausrüstungen orientiert. Der Plan sieht vor, allein durch Erhöhung des Schichtkoeffizienten im Maschinenbau die Produktion um 7 bis 8 Mrd. Rubel zu erhöhen und gleichzeitig etwa 6 bis 7 Mrd. Investitionsmittel einzusparen. Auf dem Gebiet der Energiewirtschaft beginnt im neuen Planjahrfünft die Realisierung des Programms zur Inbetriebnahme von Atomkraftwerken mit einer Leistung von 30 Mio KW in den kommenden 10 bis 12 Jahren. Dadurch können die Investitionen für die Entwicklung der Kohleindustrie um 3 Mrd. Rubel reduziert werden.

In der Industrie der UdSSR sind folgende Ziele gestellt:

- Die Energiestruktur verbessert sich. Dabei steigt die:
  Kohleförderung um 10 bis 11 Prozent,
  Erdölproduktion um 36 bis 42 Prozent und
  Erdgasproduktion um 50 bis 60 Prozent.
- Die erdölverarbeitende Industrie wird einen Produktionszuwachs von 50 Prozent erreichen.
  Chemische Industrie und Petrolchemie insgesamt steigern ihre Produktion um 70 Prozent. (Die Produktion von Kunststoffen verdoppelt sich etwa und die Kunstfaserproduktion erhöht sich um 70 bis 80 Prozent.)
- Der Maschinenbau soll das Produktionsvolumen um 70 Prozent steigern. (Die rechentechnische Industrie wächst auf das 2,4fache.)
- In der Metallurgie wächst die Stahlproduktion um 22 bis 29 Prozent, demgegenüber die Produktion der Buntmetallurgie um 40 und die Aluminiumproduktion um 50 bis 60 Prozent.

ČSSR: Im Zeitraum 1971 bis 1975 wird besonderes Gewicht auf die folgenden Industriezweige gelegt:

- Elektroenergieerzeugung (Produktionssteigerung auf 137 Prozent);
- Metallurgie;
- Maschinenbau (der Produktionszuwachs soll 45 Prozent betragen);
- chemische Industrie (Steigerung der Produktion auf 160 Prozent);
- Baustoffindustrie (das Wachstum ist auf 147 bis 149 Prozent veranschlagt).

In allen Ländern zeigt sich, daß die Investitionstätigkeit auf eine stärkere

Intensivierung des Reproduktionsprozesses und ein hohes Wirtschaftswachstum gerichtet ist. Damit zusammenhängend werden in den nächsten Jahren die Industriezweige, die vom Standpunkt der Gesamtentwicklung der Volkswirtschaft und ihrer Effektivität bestimmend sind, in einem viel höheren Maß als die Industrie allgemein gefördert.

Der Produktionszuwachs der Industrie soll vor allem durch die Einführung neuer Technologien, moderner Maschinen und Materialien, durch die schnellere Aussonderung der veralteten Produktionseinrichtungen, das heißt durch die Erhöhung der Arbeitsproduktivität erreicht werden.

Zusammenfassend läßt sich feststellen, daß im kommenden Planjahrfünft alle RGW-Länder verstärkt auf effektivere volkswirtschaftliche Strukturen, Steigerung der Arbeitsproduktivität in den einzelnen Zweigen sowie verbesserte Nutzung vorhandener Kapazitäten orientieren. Die Vertiefung der internationalen Spezialisierung und Kooperation, deren Möglichkeiten sich durch langfristige Abstimmung der Pläne und Weiterentwicklung der Produktivkräfte vervielfältigen, ist eine wichtige Voraussetzung dafür.

4. AUSBAU DER ENERGIEBASIS, EINE GRUNDAUFGABE

Der Ausbau der Energiewirtschaft und besonders die Produktion von Elektroenergie stellt eine entscheidende Grundlage des volkswirtschaftlichen Wachstums dar. Das zeigt sich deutlich an den Anstrengungen, die in allen RGW-Ländern in den vergangenen 10 Jahren gemacht wurden und auch für den Perspektivzeitraum erkennbar sind. Die Erzeugung von Elektroenergie der RGW-Länder wuchs in den sechziger Jahren schneller als die Industrieproduktion. Gegenüber 1960 stieg die gesamte Energieproduktion bis 1965 auf das 1, 75fache und bis 1970 auf das 2, 63fache, entsprechend stieg die Industrieproduktion auf das 1, 49 bzw. 2, 22fache. Im Zeitraum 1966 bis 1970 vollzog sich die stärkere Annäherung dieser Wachstumsraten, die sich auch bis 1975 fortsetzen wird (vgl. Tabellen 2 und 12). Ursache dieser relativen Minderung des Wachstums der Energieerzeugung sind u. a. Verschiebungen zugunsten moderner Brenn- und Rohstoffstrukturen besonders auch in der chemischen Industrie. Neben diesen Substitutionsprozessen (Erdöl, Erdgas) spielt die Verminderung des spezifischen Energieeinsatzes in allen Zweigen eine wichtige Rolle.

Die Mitgliedländer des RGW stellten 1970 insgesamt 988 Mrd. KWh, das heißt 20 Prozent der Weltproduktion gegenüber 17, 6 Prozent im Jahre 1960 her. Bis Ende des laufenden Fünfjahrplans wird die Produktion etwa 1 425 Mrd. KWh erreichen.

Elektroenergieproduktion der europäischen RGW-Länder
(in Milliarden KWh)

	1970	1975 (Plan)
Bulgarien	19, 5	30
Ungarn	14, 5	21-22
DDR	67, 7	88-90
Polen	64, 5	96
Rumänien	35, 1	58, 0-60, 8
UdSSR	740, 4	1065
ČSSR	45, 2	62-63

Die neuen Kapazitäten wurden bzw. werden wie folgt in Betrieb genommen:

1961-1965	60 Millionen KW
1966-1970	67 Millionen KW
1971-1975 (Plan)	91-93 Millionen KW

An der Elektroenergieerzeugung haben nach wie vor Wärme-Kraftwerke den bestimmenden Anteil. Er betrug 1970 in:

Bulgarien	88, 4 Prozent
Ungarn	99, 4 Prozent
DDR	97, 9 Prozent
Polen	97, 1 Prozent
Rumänien	90, 7 Prozent
UdSSR	83, 2 Prozent
ČSSR	91, 8 Prozent

Die Probleme der modernen Ausrüstung der Wärme-Kraftwerke und eines effektiveren Brennstoffeinsatzes machen eine zunehmende Kooperation der RGW-Länder notwendig. Für die Mehrzahl der Länder spielen im Energieprogramm vor allem die Lieferungen kompletter Kraftwerksausrüstungen aus der UdSSR eine wichtige Rolle. So wird beispielsweise die DDR in den nächsten Jahren Turbosätze mit einer Leistung bis zu je 500 000 Kilowatt aus der Sowjetunion erhalten.

Gemeinsame Forschungen und Entwicklungen schaffen immer bessere Voraussetzungen für die Errichtung von Kernkraftwerken. Von 1971-1975 werden außer in der UdSSR auch in Bulgarien, der ČSSR und der DDR Kernkraftwerkskapazitäten in Betrieb genommen, für die die UdSSR wesentliche Ausrüstungen liefert. In Ungarn, Polen und Rumänien ist die Inbetriebnahme von Kernkraftwerken nach 1975 vorgesehen.

In allen RGW-Mitgliedsländern stehen für die Elektroenergieerzeugung auch weiterhin noch ungenutzte Wasserenergiereserven zur Verfügung.

Im RGW-Bereich sind die gesamten vorhandenen Wasserenergiereserven zu etwa 12 Prozent genutzt, was vor allem aus dem riesigen freien Potential in der UdSSR, aber auch beachtlichen Reserven beispielsweise in Rumänien resultiert. In den einzelnen Mitgliedsländern zeigt das Nutzungsverhältnis (genutzte Reserven in Prozent) folgendes Bild:

Bulgarien	21, 5
Ungarn	2, 1
DDR	ca. 80, 0
Polen	28, 4
Rumänien	11, 7
UdSSR	11, 4
ČSSR	ca. 40, 0

Zwischen 1966-1970 wurde in den RGW-Ländern eine Wasserkraftwerkskapazität von 10, 6 Millionen KW übergeben.

Obgleich durch die genannte Entwicklung in den vergangenen Jahren besonders die DDR, die UdSSR und ČSSR ein Elektroenergieaufkommen pro Kopf der Bevölkerung erreicht haben, das dem entwickelter kapitalistischer Länder Westeuropas gleichkommt oder diese übertrifft, werden die Energieinvestitionen wie in der Vergangenheit (vgl. Tabellen 5f und 5g) auch im Planzeitraum in allen RGW-Ländern einen beachtlichen Anteil an den Gesamtinvestitionen ausmachen.

Wichtig sind dabei auch perspektivisch die Proportionen zwischen Wachstum der verarbeitenden Industrie und der Energieerzeugung. Im Zeitraum 1955 bis 1969 stieg in den westlichen Industriestaaten die Erzeugung der verarbeitenden Industrie um 107 Prozent, die von Elektroenergie und Gas um 182 Prozent. Die entsprechenden Zahlen für die europäischen RGW-Länder lauten 247 Prozent und 345 Prozent.

Das heißt, daß die Energieerzeugung in den europäischen RGW-Ländern relativ langsamer wuchs als in den westlichen Industriestaaten. Dieser Trend hat sich in den Jahren 1965 bis 1970 weiter verstärkt. Ohne die Ursachen dieser Entwicklung hier zu analysieren, läßt sich folgern, daß - auch im Hinblick auf noch bestehende Defizite und Disproportionen im Energieaufkommen - der Entwicklung der Energiebasis der europäischen RGW-Länder im Perspektivzeitraum und ihrer effektiven Nutzung größte Aufmerksamkeit gelten muß.

Die ungleiche territoriale Verteilung der Brennstoff- und Energieressourcen in den RGW-Ländern sowie die für ihre Erschließung notwendigen hohen Investitionsaufwendungen mit sehr langer Rückflußdauer macht die Zusammenarbeit auf diesem Gebiet immer enger. Wichtige Schritte dazu waren in der Vergangenheit die Schaffung des Energieverbindungssystems und seiner Dispatcherzentrale, die Bildung eines Komitees für die Zusammenarbeit bei der Nutzung der Wasserenergiereserven der Donau u. a. Die Koordinierung der Energiesysteme stellte und stellt eine wesentliche Seite der Zusammenarbeit dar. Bis Ende 1970 wurden in diesem Rahmen zwanzig Fernleitungen für 110 und mehr Kilovolt, die alle europäischen RGW-Länder und Jugoslawien berühren, gebaut. Der Stromaustausch betrug dabei 1970 ca. 13 Mrd. KWh und stieg gegenüber 1965 auf das 2,3fache. Größte E-Energie-Exporteure sind die UdSSR und Rumänien.

Die künftige multilaterale Zusammenarbeit der RGW-Länder wird sich noch stärker auf die langfristige Koordinierung der Pläne zum Ausbau der Energiebasis, auf den Erfahrungsaustausch beim Bau und Betrieb von Energieerzeugungsanlagen erstrecken. Darüberhinaus werden gemeinsame Investitionen auf dem Energiesektor eine gewisse Rolle spielen.

5. ZUR INTENSIVIERUNG DER LANDWIRTSCHAFT

Im Planzeitraum 1966 bis 1970 war das Wachstumstempo der landwirtschaftlichen Produktion der europäischen RGW-Länder mit Ausnahme Polens zum Teil beträchtlich höher als im vorangegangenen Fünfjahrplan (vgl. Tabellen 3a und 3b). *Diese Erfolge wurden erzielt, obgleich gerade in den Jahren 1968, 1969 und 1970 in einigen Ländern äußerst ungünstige Witterungsbedingungen zu Ertragsminderungen führten (vgl. Tabelle 3c).**

Auch für den Perspektivplanzeitraum ist eine weitere rasche Erhöhung der landwirtschaftlichen Produktion vorgesehen. So in Rumänien um 35 - 50 und in den anderen RGW-Ländern um 15 - 20 Prozent. Die genannten Entwicklungen sind sichtbarer Ausdruck der steigenden Arbeitsproduktivität und Effektivität in der sozialistischen Landwirtschaft, da die Zahl der in der Landwirtschaft Beschäftigten zurückgegangen ist. So sank der Anteil der in der Land- und Forstwirtschaft Beschäftigten von 1960 - 1970 in Bulgarien von 55, 5 auf 35, 8; in Ungarn von 38, 9 auf 26, 2; in der DDR von 17, 0 auf 12, 8; in Polen von 44, 2 auf 37, 3; in Rumänien von 65, 6 auf 49, 3; in der UdSSR von 38, 7 auf 27, 5 und in der ČSSR von 25, 9 auf 18, 3 Prozent (vgl. auch Tabelle 7).

Obgleich genaue Angaben darüber nicht vorliegen, läßt sich aus dem Trend der Beschäftigtenentwicklung in der Landwirtschaft ableiten, daß die Arbeitsproduktivität bis 1975 schneller wachsen wird als die Produktion.

Noch mehr erhöhte sich der Einsatz von Herbiziden. Im Ergebnis dieser Maßnahmen stiegen allgemein die Hektarerträge.

*Um jährlich witterungsbedingte Ertragsschwankungen auszugleichen, ist jeweils das gesamte Produktionsvolumen der Fünfjahrplanperiode dem Volumen der vorangegangenen Planperiode gegenübergestellt.

**Deutlich zeichnen sich hier die Auswirkungen der langen Trockenperiode im Sommer 1969 (besonders DDR, Polen und UdSSR) oder zum Beispiel die Folgen der Überschwemmungskatastrophen in Ungarn und Rumänien 1970 ab.

Hektarerträge bei einigen landwirtschaftlichen Produkten (in dt)
(jährlicher Durchschnitt)

	Getreide		Weizen		Mais		Kartoffeln	
	1961-65	1966-70	1961-65	1966-70	1961-65	1966-70	1961-65	1966-70
Bulgarien	19, 0	27, 4	18, 1	27, 4	25, 1	36, 5	85, 5	114
Ungarn	20, 3	25, 4	18, 6	24, 3	26, 1	32, 3	79, 1	105
DDR	25, 3	29, 4	31, 5	36, 5	19, 8	26, 2	166	185
Polen	17, 0	19, 8	19, 7	23, 3	23, 5	24, 2	154	176
Rumänien	15, 9	19, 3	14, 6	16, 9	17, 7	22, 3	85, 1	93, 1
UdSSR	10, 2	13, 7	9, 7	13, 4	22, 8	27, 0	94	115
ČSSR	21, 8	26, 6	24, 1	28, 9	26, 3	35, 3	114	151

Ähnliche Ertragssteigerungen wurden bei wichtigen tierischen Produkten erreicht.

Durchschnittlicher Ertrag bei Milch und Rohwolle (in kg)

	Milchertrag pro Kuh		Rohwolle pro Schaf	
	1960	1970	1960	1970
Bulgarien	1444	2211	2, 4	3, 3
Ungarn	1863	2440	4, 0	4, 4
DDR	2669	3160	3, 7	4, 1
Polen	2122	2456	2, 5	2, 8
Rumänien	1368	1607	2, 0	2, 3
UdSSR	1779	2104	2, 6	3, 2
ČSSR	1862	2565	3, 5	4, 2

Die Veränderungen in der Produktionsstruktur der Landwirtschaft lassen erkennen, daß in den sechziger Jahren bei der Entwicklung der Viehzucht allgemein besondere Erfolge erzielt wurden.

Entwicklung der landwirtschaftlichen Produktion 1970 gegenüber 1960

	insgesamt	pflanzliche Produktion	tierische Produktion
Bulgarien	139	133	149
Ungarn	122	114	133
DDR	112	98	127
Polen	126	128	121
Rumänien	124	115	139
UdSSR	136	137	136
ČSSR	123	110	136

Der Anteil der tierischen Erzeugnisse innerhalb der landwirtschaftlichen Gesamtproduktion betrug 1970 in Bulgarien 35; in Ungarn 46; in der DDR 55; in Polen 38; in Rumänien 41; in der UdSSR 49 und in der ČSSR 55 Prozent.

Der Prozeß der Intensivierung der landwirtschaftlichen Produktion zeigte sich in den vergangenen 10 Jahren vor allem in einer starken Erhöhung des Mechanisierungsgrades der Feld- und Viehwirtschaft. Damit wurden immer stärker die Elemente der Industrialisierung der gesamten landwirtschaftlichen Produktion erkennbar.

Die Anzahl der Traktoren (umgerechnet auf 15 PS) pro 100 ha landwirtschaftlicher Nutzfläche stieg von 1960 bis 1970 auf das Zwei- bis Dreifache und betrug 1970 in Bulgarien 2, 6; in Ungarn 2, 2; in der DDR (1968) 4, 3; in Polen 1, 8; in Rumänien 1, 9 und in der ČSSR 4, 3. Gleichzeitig wuchs der Verbrauch von Düngemitteln um das Drei-bis Vierfache.

Verstärkte Anstrengungen zur Vertiefung dieses Prozesses werden in den nächsten Jahren von allen RGW-Ländern unternommen.

Die wichtigsten Maßnahmen zur weiteren Intensivierung der landwirtschaftlichen Produktion im Perspektivplanzeitraum sind:

- Die beschleunigte Industrialisierung verbunden mit einer besseren Versorgung der Landwirtschaft mit Traktoren, Kombines, landwirtschaftlichen Maschinen und anderen materiell-technischen Mitteln;

- Erweiterung der Energiekapazitäten in der Landwirtschaft;
- Steigerung der Arbeitsproduktivität in der Feld- und Viehwirtschaft;
- Chemisierung der landwirtschaftlichen Produktion;
- Stärkung der Futterbasis.

Im einzelnen stellen sich die RGW-Länder im Perspektivplanzeitraum folgende Schwerpunktaufgaben:

Bulgarien

- Schaffung von Agrar-Industriekomplexen, um mehr als bisher moderne Maschinen einsetzen zu können;
- Vergrößerung des Bestandes an Traktoren (umgerechnet auf Einheiten von 15 PS) und Erntekombines bis 1975 auf 136 000 bzw. 20 800;
- Chemisierung der Landwirtschaft (Düngemittel und Schädlingsbekämpfung).

Ungarn

- Die Investitionen für die Landwirtschaft betragen etwa 12 bis 13 Prozent des gesamten Investitionsvolumens (sie werden vorwiegend zum Bau und Mechanisierung von Stallraum, Lagerraum für Ackerfrüchte sowie für Anschaffung von landwirtschaftlichen Maschinen und Geräten eingesetzt);
- Steigerung der pflanzlichen Produktion auf 114 Prozent;
- der Nutzviehbestand soll auf ca. 116 Prozent erhöht werden, Schlachtviehproduktion um 24 bis 26 Prozent, die Milcherzeugung um rd. 20 Prozent sowie die Eierproduktion um 22 bis 24 Prozent.

DDR

- Im Zeitraum von 1971 bis 1975 ist schwerpunktmäßig die Erhöhung der Produktion von Schlachtvieh, Milch und Gemüse und Obst vorgesehen;
- bei den wichtigsten Erzeugnissen der Tierproduktion ist folgendes staatliches Aufkommen zu erreichen (in kt);

	1970	1975
Schlachtvieh	1651	1850 - 1900
Milch	6492	7250 - 7350
Eier (Mio Stck.)	3505	3550 - 3650

- Die weitere Produktionssteigerung landwirtschaftlicher Erzeugnisse ist durch die sozialistische Intensivierung, das heißt vor allem durch die Chemisierung und komplexe Mechanisierung der Pflanzen- und Tierproduktion sowie durch Melioration zu vollziehen.

Polen

Die pflanzliche Produktion soll sich bis 1975 um 17 bis 20 Prozent (1966 bis 1971 betrug die Steigerung 10,2 Prozent) und die tierische Produktion um 19 bis 21 Prozent (gegenüber 7,8 Prozent im vorangegangenen Fünfjahrplan) erhöhen. Dazu sollen folgende Maßnahmen wirksam werden:

- Maximale Ausnutzung der vorhandenen Kapazitäten der landwirtschaftlichen Betriebe;
- Bereitstellung zusätzlicher materieller Mittel und Schaffung ökonomisch-organisatorischer Voraussetzungen im Interesse der Weiterentwicklung der Landwirtschaft. So ist zum Beispiel eine wachsende Kredithilfe für die Landwirtschaft vorgesehen;
- die Investitionen in der Landwirtschaft werden bis 1975 um 27,8 Prozent wachsen. Sie werden auf folgende Gebiete konzentriert: Bauwesen
Mechanisierung
Melioration
Bewässerung.

Rumänien

- Steigerung der Getreideerträge auf 17,5 bis 18,8 Mio t jährlich;
- Ausweitung des Gemüse- und vornehmlich Frühgemüseanbaus sowie Verbesserung der Qualität des Gemüses;
- die Erhöhung der landwirtschaftlichen Produktion ist hauptsächlich durch Ertragssteigerungen zu erzielen. Zu diesem Zwecke werden Chemisierung und komplexe Mechanisierung der Landwirtschaft beschleunigt. Im Vordergrund stehen dabei:

Steigerung der Düngemittellieferungen auf 2 Mio t Reinnährstoff;

Konzentration der Investitionen mit Schwerpunkt auf technische Ausrüstung für die Feld- und Gartenwirtschaft sowie den Gemüse- und Weinanbau;

Erhöhung des Umfanges der Meliorationsarbeiten um 50 Prozent gegenüber dem vorigen Fünfjahrzeitraum. Bis 1975 sollen 20 Prozent der Ackerfläche für die künstliche Bewässerung vorbereitet werden.

UdSSR

Im Perspektivplanzeitraum wird sich das Aufkommen an wichtigen Erzeugnissen wie folgt erhöhen:

Erzeugnis	Maßeinheit	Durchschnittliche Jahresproduktion für 1971-1975	Durchschnittlicher absoluter Jahreszuwachs der Produktion im 9. Fünfjahrplan
Getreide	Mio t	195,0	27,5
Rohbaumwolle	Mio t	6,7	0,6
Fleisch (Schlachtgewicht)	Mio t	14,3	2,7
Milch	Mio t	92,3	11,8
Eier	Mrd. Stck.	46,7	10,9
Wolle	1000 t	464,0	67,0

- Die Hektarerträge der Getreidekulturen müssen in diesem Jahrfünft um mindestens vier Dezitonnen erhöht werden;
- der Elektroenergieverbrauch wird sich praktisch verdoppeln;
- 1975 werden der Landwirtschaft 61 Prozent mehr Mineraldünger und Superphosphate als 1971 zur Verfügung gestellt;
- der Gesamtumfang der Investitionen für die Landwirtschaft (Investitionen seitens des Staates und der Kolchosen) erhöht sich um etwa 36 Prozent gegenüber dem vorigen Fünfjahrplan.

ČSSR

- Für die Feldwirtschaft steht einmal die Aufgabe, die Hektarerträge bei Getreide von 27 auf 31 dt zu erhöhen und zum anderen gleichzeitig die Ackerfläche zu vergrößern. Grundlage der höheren Hektarerträge wird vor allem die verstärkte Anwendung von Kunstdünger sein (1975 werden durchschnittlich 220 kg/ha Reinnährstoffe mehr eingesetzt als 1970);
- im gleichen Zeitraum wird der Mechanisierungsgrad der Feldarbeiten weiter erhöht;
- in der Viehwirtschaft stehen im Vordergrund eine Steigerung der Milcherzeu-

gung um 25 Prozent und die Erhöhung der Schlachtviehproduktion um 18 Prozent.

Ziel der genannten Maßnahmen in allen Ländern ist die weitere Verbesserung der Struktur und der Übergang zu noch stärker industriemäßigen Methoden der landwirtschaftlichen Produktion, als entscheidende Voraussetzungen zur Erhöhung der Effektivität der in der Landwirtschaft Beschäftigten und ihres Beitrages zum Nationaleinkommen.

6. ZUR ENTWICKLUNG DER KONSUMTION

Die rasche Erhöhung des materiellen und kulturellen Lebensniveaus der Völker der europäischen Mitgliedstaaten des RGW auf der Grundlage einer wachsenden Effektivität der volkswirtschaftlichen Reproduktionsprozesse kommt in den Fünfjahrplänen 1971 - 1975 besonders zum Ausdruck. Es ist das die wirtschaftspolitische Umsetzung der Erfordernisse des ökonomischen Grundgesetzes des Sozialismus und drückt somit eine entscheidende objektive Entwicklungstendenz in unseren Ländern aus. Diese Aufgaben zeigen wesentliche Seiten der humanistischen Zielstellung und der Einheit von Humanität und höchster Rationalität in der sozialistischen Gesellschaft.

Das erreichte wirtschaftliche Niveau in den RGW-Ländern gestattet es, allmählich auch bestimmte Veränderungen der industriellen Struktur herbeizuführen, die den verstärkten Bestrebungen um ein höheres Konsumtionsniveau entsprechen. So zeigen die Zuwachsraten bei der Herstellung von Produktionsmitteln und Konsumgütern eine deutliche Verschiebung des Wachstumstempos zugunsten der Konsumgüterproduktion. In der Periode 1966 bis 1970 war das Zuwachstempo bei der Produktion von Konsumgütern mit Ausnahme der DDR und der ČSSR in den europäischen RGW-Ländern höher als im Zeitraum 1961 bis 1965. In der UdSSR und in Polen verstärkt sich auch im laufenden Fünfjahrplan diese Tendenz, dagegen steigt die Wachstumsrate der Produktion von Produktionsmitteln in Bulgarien relativ schneller als die der Konsumgüterproduktion (siehe Tabelle 9a und 9b).

Die Bemühungen der kommunistischen und Arbeiterparteien und Regierungen der RGW-Länder zur raschen Erhöhung des Lebensniveaus der Werktätigen widerspiegeln sich neben den rasch wachsenden Aufwendungen für die gesellschaftliche Konsumtion (zum Beispiel in der UdSSR 1975 gegenüber 1970 um 40 Prozent und in der DDR im gleichen Zeitraum um 30 bis 35 Prozent) besonders in der Entwicklung der Reallöhne und des Einzelhandelsumsatzes. Während in den abgelaufenen Planzeiträumen der Reallohn in den einzelnen Ländern in sehr unterschiedlichem Tempo wuchs, ist für den Planzeitraum 1971 bis 1975 eine Annäherung dieser Wachstumsraten bei relativ hohem Tempo (ca. 3 bis 4 Prozent jährlich) eindeutig erkennbar, wie aus Tabelle 10a und 10b deutlich wird. Offensichtlich kann es sich hierbei nur um eine zeitweilige Entwicklung handeln, da bei ständig gleichen oder stark angenäherten Wachstumsraten noch bestehende nationale Unterschiede in der Höhe der Realeinkommen fixiert würden. Das mit 4, 2 bis 4, 4 Prozent jährlich über dem RGW-Durchschnitt liegende geplante Wachstum der Nettogeldeinnahmen in der DDR bei einem vorgesehenen Nationaleinkommenszuwachs von 4, 9 Prozent jährlich (niedrigste Zuwachsrate im europäischen RGW-Bereich) bedeutet, daß der Hauptweg zur Erhöhung des Lebensniveaus im Planzeitraum die Intensivierung des volkswirtschaftlichen Reproduktionsprozesses durch die komplexe sozialistische Rationalisierung sein muß. Aus den Kennziffern in Tabelle 5a und 5b, 10a und 10b zeigt sich die wechselseitige Abhängigkeit von Reallohn und Investitionsentwicklung und läßt auch gewisse Rückschlüsse hinsichtlich der Veränderungen bei der Aufteilung des Nationaleinkommens in Akkumulation und Konsumtion zu. Der geplante Realeinkommenszuwachs beträgt im Jahresdurchschnitt von 1971 - 1975 beispielsweise in Bulgarien 5, 4; Ungarn 4, 6 - 4, 9; DDR 3, 9 - 4, 2; UdSSR 5, 4 und ČSSR 5, 0 Prozent.

Ein enger Zusammenhang besteht zwischen der Entwicklung der Reallöhne und des Einzelhandelsumsatzes. Das vorliegende Material gestattet eine gründliche Analyse dieses Zusammenhanges nicht, da entscheidende Angaben, über die diese Beziehung modifiziert wird, wie zum Beispiel Volumen und Entwicklung der Spareinlagen, Rückzahlungen von Obligationen, die Entwicklung der Bereiche der Konsumtion, die sich nicht auf den Einzelhandelsumsatz auswirken, Preisentwicklungen u. a. nicht bekannt sind. Bei einem Vergleich der geplanten Umsatzentwicklung im Einzelhandel bis 1975 fällt auf, daß in allen Ländern, von denen entsprechende Daten zugänglich waren (vgl. Tabelle 11), die Wachstumsraten zum Teil erheblich unter denen des Berichtszeitraumes 1966 bis 1970 liegen. Selbst wenn eine stärkere Verschiebung der Konsumstruktur angenommen wird, wird deutlich, daß die in einigen Ländern noch bestehende Lücke zwischen kauffähiger Nachfrage nach bestimmten Warensortimenten und Warenbereitstellung auch im Planzeitraum bis 1975 nicht voll geschlossen werden wird. Im ersten Jahr des Fünfjahrplanes wurden in allen Ländern gerade für die Sicherung dieser Proportionen große Anstrengungen unternommen und beachtliche Erfolge erreicht. Im Ergebnis dieser Bemühungen stieg 1971 der Einzelhandelsumsatz gegenüber 1970 in Bulgarien um 6, 9; Ungarn um 9, 0; DDR um 3, 9; Polen 8, 6; Rumänien 9, 1; UdSSR um 7, 0 und ČSSR um 5, 1 Prozent. Diese Entwicklung entspricht in Bulgarien, der DDR, UdSSR und ČSSR dem bis 1975 jährlich durchschnittlich geplanten Wachstumstempo. In Rumänien wurde dieses Tempo beachtlich übertroffen und liegt auch in Ungarn und Polen noch über dem RGW-Durchschnitt. Allerdings muß in Rechnung gestellt werden, daß in Ungarn und Rumänien eine Erhöhung des Preisindex um ca. 2 Prozent die tatsächliche Umsatzsteigerung etwas überhöht zeigt. In gewissem Umfange konnte darüberhinaus die Struktur und Qualität des Konsumgüterangebotes verbessert werden.

Von immer größerem Gewicht für die Verbesserung der Lebensbedingungen der Bevölkerung und die Schaffung der für die intensiv erweiterte Reproduktion unentbehrlichen Bedingungen wie: Ausbildung von Arbeitskräften, Gesunderhaltung usw. wird im Planzeitraum der Ausbau der nichtproduzierenden Bereiche. Dieses Problem wird besonders relevant, weil in einigen RGW-Ländern in den Jahren 1960 - 1970 im Zusammenhang mit dem sehr schnellen Wachstum der Produktion ein gewisses Zurückbleiben der nichtproduzierenden Bereiche erkennbar ist. Im genannten Zeitraum nahm zwar der Anteil der in den nichtproduzierenden Bereichen Beschäftigten etwas zu, doch ging zum Beispiel der Strukturanteil dieser Bereiche an den gesamten Grundfonds der Volkswirtschaft wesentlich zurück, was vor allem auf ein wesentlich schnelleres Wachstum der Investitionen im produzierenden Sektor zurückzuführen ist. Folgende Tabellen veranschaulichen diese Entwicklung:

Strukturanteil des nichtproduzierenden Bereiches an der Volkswirtschaft im Jahre 1960 und 1970

	Anteil der Beschäftigten		Anteil der Grundfonds		Anteil der Investitionen	
	1960	1970	1960	1970	1960	1970
Bulgarien	9, 2	13, 4	47, 2	33, 9	26, 4	23, 8
Ungarn	14, 3	15, 2	41, 9	38, 0	30, 6	29, 3
DDR	15, 5	17, 4	50, 2	41, 1	21, 6	16, 4
Polen	10, 2	11, 9	48, 2	41, 8	30, 8	23, 5
Rumänien	7, 6	10, 2	41, 7	31, 3	24, 2	16, 7
UdSSR	15, 4	19, 8	42, 8	37, 3	34, 8	30, 3
ČSSR	14, 2	19, 1	37, 4	29, 7	27, 0	29, 6

Ein Vergleich des Entwicklungstempos von Investitionen und Grundfonds im produzierenden und nichtproduzierenden Bereich weist deutlich auf die langsamere Entwicklung des letzteren hin.

Dynamik von Grundfonds und Investitionen im produzierenden und nichtproduzierenden Bereich der europäischen RGW-Länder von 1960 bis 1970 (1960 = 100)

	Grundfonds		Investitionen	
	produzierender Bereich	nichtproduzierender Bereich	produzierender Bereich	nichtproduzierender Bereich
Bulgarien	273	163	269	235
Ungarn	169	139	236	222
DDR	169	117	217	155
Polen	169	132	231	159
Rumänien	245	160	318	200
UdSSR	236	189	208	170
ČSSR	156	134	151	172

Obgleich endgültige Aussagen über die notwendigen Proportionen zwischen produzierenden und nichtproduzierenden Bereichen hier natürlich nicht abgeleitet werden können, läßt sich doch annehmen, daß die wachsenden Anforderungen an Wissenschaft und Bildung, Gesundheits- und Sozialwesen, Aufgaben des Umweltschutzes u. a. perspektivisch auch zu anteilig wachsenden Investitionsaufwendungen dieser Bereiche an der gesamten Volkswirtschaft sowie zu einer allmählichen weiteren Entwicklung ihres Beschäftigtenanteils führen werden. Eine Reihe von Plankennziffern sprechen ebenfalls für diese These.

An einigen Beispielen soll gezeigt werden, welche Aufgaben zur weiteren Entwicklung der nichtproduzierenden Bereiche im Fünfjahrplan vorgesehen sind:

So wird Ungarn die Investitionen im nichtproduzierenden Bereich 1971 - 1975 um ca. 60 Prozent gegenüber dem vergangenen Planjahrfünft erhöhen, im produzierenden Bereich um 25 Prozent. Ein großer Teil dieser wachsenden Ausgaben wird für Volksbildung, die Einrichtung von Kinderkrippen und Kindergärten (39 000 neue Plätze) sowie das Gesundheitswesen (zum Beispiel Erhöhung der Krankenhausbetten um 7 000 bis 7 500) verwandt.

Die Erhöhung der Leistungen und Zuwendungen des Staates aus den gesellschaftlichen Fonds bis 1975 um jährlich durchschnittlich 6,22 Prozent in der DDR, die vorwiegend für die Entwicklung des Bildungs-, Gesundheits- und Sozialwesens, Umweltschutz, Erholung, Kultur und Sport eingesetzt werden, lassen ebenfalls auf einen wachsenden Investitionsanteil dieser Bereiche schließen.

In Polen sollen die Investitionen in den Bereichen Wissenschaft und Bildung gegenüber 1966 - 1970 um 46 Prozent gegenüber maximal 40 Prozent in der gesamten Volkswirtschaft ansteigen und damit ihren Anteil am Nationaleinkommen von 1,8 im Jahre 1970 auf 2,5 Prozent 1975 erhöhen.

Einen Schwerpunkt zur weiteren Verbesserung des materiellen und kulturellen Lebensniveaus der Werktätigen stellt in allen Plänen die Verbesserung der Versorgung mit Dienstleistungen und Schaffung neuer Dienstleistungseinrichtungen dar. Dieser Komplex ist wegen seines breiten Spektrums in einer synthetischen Kennziffer nur schwer zu erfassen. Schwerpunktmäßig handelt es sich hier um die Schaffung von Reparaturkapazitäten der verschiedensten Art, erhöhte Leistungen industrieller Wäschereien, chemischer Reinigungen und vieles andere. So wird bei der Begründung des Entwurfs des Fünfjahrplanes für die Entwicklung der Volkswirtschaft der UdSSR durch Alexej Kossygin ausdrücklich die Bedeutung der "... Erhöhung des Anteils der Investitionen an der Bildung der gegenwärtigen materiell-technischen Basis der Produktion von Konsumgütern und des Bereichs der Dienstleistungen..." sowie die "... Heranziehung bedeutender Reserven von Arbeitskräften für den Bereich der Dienstleistungen für die Bevölkerung"[9] hervorgehoben.*

In Ungarn soll dieser Bereich bis 1975 außer durch Investitionen vor allem durch zusätzlichen Einsatz von Arbeitskräften weiter gestärkt werden. Auf dem VI. Parteitag der PVAP unterstrich Edward Gierek, daß es im Rahmen des Fünfjahrplanes notwendig sei, die Zielstellung auf dem Gebiet der Dienstleistungen erneut zu prüfen und ein noch breiteres Programm zu entwickeln. In allen anderen Ländern stehen diese Probleme in ähnlichem Maße.

Ein entscheidender Faktor zur Verbesserung der Lebensbedingungen der Bevölkerung ist das Wohnungsbauprogramm, dem in den Perspektivplänen aller Länder des RGW große Bedeutung beigemessen wird. Allgemein hohe Wachs-

*Besonders der Umfang der Dienstleistungen auf dem Lande soll im laufenden Plan (auf das 2,8fache) anwachsen.

tumsraten im Wohnungsbau bis 1975 werden dazu beitragen, den derzeit noch bestehenden Wohnraummangel zu mildern. Im einzelnen ist vorgesehen:

Bulgarien	-	Errichtung von 250 000 Neubauwohnungen von 1971 bis 1975 gegenüber 130 000 im vergangenen Fünfjahrzeitraum
Ungarn	-	Schaffung von 400 000 Neubauwohnungen
DDR	-	Schaffung von 500 000 Wohnungen durch Neu- und Ausbau gegenüber 364 000 im Fünfjahrplan 1966 bis 1970
Polen	-	Steigerung des Wohnungsbaus im neuen Fünfjahrplan um 25 Prozent
Rumänien	-	Fertigstellung von 520 000 Wohnungen im Zeitraum von 1971 bis 1975
UdSSR	-	Fertigstellung von 565 - 575 Mio m^2 Wohnfläche im Planzeitraum. Das entspricht einer Steigerung von ca. 10 Prozent gegenüber dem Plan 1966 bis 1970 und bedeutet den Bau von etwa 12, 5 Mio Wohnungen
ČSSR	-	Bau von 500 000 Wohnungen

Bezogen auf die Bevölkerungszahl von 1970 wird damit in den einzelnen Ländern je 1 000 der Bevölkerung im Fünfjahrplan jährlich durchschnittlich folgende Zahl von Wohnungen gebaut:

Bulgarien	-	5, 9 Wohnungen
Ungarn	-	7, 8 Wohnungen
DDR	-	5, 8 Wohnungen
Rumänien	-	5, 2 Wohnungen
UdSSR	-	9, 4 Wohnungen
ČSSR	-	6, 9 Wohnungen

7. EINIGE ENTWICKLUNGSTENDENZEN DER AUSSENWIRTSCHAFT

Außenwirtschaft und internationale sozialistische Arbeitsteilung gewinnen im Prozeß der ökonomischen Integration der Mitgliedländer des RGW mehr und mehr an Bedeutung für das wirtschaftliche Wachstum.

Die zunehmende Verflechtung der wirtschaftlichen Potentiale der RGW-Länder widerspiegelt sich deutlich im hohen Wachstumstempo ihres Außenhandels in den sechziger Jahren bei zugleich hohen Anteilen des intra-RGW-Umsatzes am Gesamtumsatz. Der RGW-Anteil am Gesamtumsatz betrug 1970 bei Bulgarien 74, 4 Prozent, Ungarn 62, 1, DDR 67, 3, Polen 63, 1, Rumänien 49, 3, UdSSR 55, 6 und ČSSR 64, 2 Prozent. Auf die vielfältigen qualitativen Veränderungen in der Außenhandelsstruktur kann hier nur verwiesen werden. Auch für den Planzeitraum 1971 - 1975 sind wiederum recht hohe Umsatzsteigerungen vorgesehen (vgl. Tabelle 4a und 4b). Bei dieser Entwicklung des gesamten Außenhandelsumsatzes muß beachtet werden, daß viele RGW-Länder für den Handel mit den Integrationspartnern höhere Wachstumsraten geplant haben als für den gesamten Außenhandel, so zum Beispiel die Sowjetunion 45 Prozent gegenüber 33 bis 35 Prozent insgesamt. Bei der Einschätzung der Wachstumstendenzen des Außenhandels im Planzeitraum muß man außerdem berücksichtigen, daß viele der in der letzten Zeit im Rahmen des RGW bilateral und multilateral getroffenen Vereinbarungen erst nach und nach produktions- und damit außenhandelswirksam werden. Die Erfahrungen der vergangenen Jahre zeigen darüber hinaus, daß die tatsächliche Umsatzsteigerung im Durchschnitt aller Länder über den ursprünglichen Planzielen lag.

Von Bedeutung zum Beispiel hinsichtlich der Erzielung von Konzentrations- und Struktureffekten sind die Wachstumsrelationen zwischen Industrieproduktion und Außenhandel. Insgesamt wuchs in den Jahren 1961 - 1970 der Außenhandel nicht sehr viel schneller als die Industrieproduktion (vgl. Abbildung 1).

Die Anstrengungen der RGW-Länder, die Wissenschafts- und Produktionskooperation zu verbessern, führten dann jedoch 1968 bis 1970 zu einer stärkeren

Entwicklung der Außenhandelsumsätze. Sicher sind aber keineswegs alle Möglichkeiten ausgeschöpft. Im Rechenschaftsbericht des ZK der KPdSU an den XXIV. Parteitag heißt es: "Auch der Handel zwischen ihnen (den RGW-Ländern - W. K. /E. K. -S.) dehnt sich aus. Wir sind jedoch ebenso wie die anderen RGW-Länder der Meinung, daß die Möglichkeiten der sozialistischen Arbeitsteilung noch nicht voll genutzt werden... Die Spezialisierung und Kooperation der Produktion müssen vertieft werden, die Volkswirtschaftspläne müssen enger koordiniert werden, mit einem Wort, wir müssen auf dem Wege der ökonomischen Integration der sozialistischen Staaten weiter vorankommen."[10]

Ein Vergleich des Wachstumstempos von Außenhandel und Industrieproduktion in den einzelnen Ländern ergibt unterschiedliche Tendenzen. Während in Ungarn, der DDR, in Polen und der ČSSR der Außenhandel schneller zunahm als die Industrieproduktion und auch 1971 bis 1975 schneller erhöht werden soll, gilt dieser Vorrang für Bulgarien nur 1961 bis 1965, 1966 bis 1970 war das Wachstumstempo gleich und für 1971 bis 1975 ist nur ein geringer Vorrang des Außenhandelswachstums konzipiert. In Rumänien erhöhte sich der Außenhandelsumsatz bisher langsamer oder ebenso schnell wie die Industrieproduktion; ein geringeres Wachstum ist auch für 1971 bis 1975 konzipiert. Daselbe gilt für die UdSSR. Auf diese Wachstumsrelationen haben viele Faktoren Einfluß. Dazu gehören vor allem der erreichte Grad der internationalen sozialistischen Arbeitsteilung, der sich zum Beispiel in der Außenhandelsintensität des Nationaleinkommens widerspiegelt. Diese wiederum ist weitgehend abhängig von der Größe und von den wirtschaftlichen Ressourcen, den Produktionsstrukturen, der Sortimentsbreite, dem Binnenmarkt sowie anderen Einflußfaktoren. Mit der Verwirklichung des Komplexprogrammes werden weitere zusätzliche Quellen erschlossen werden können, um den Außenhandelsumsatz weiter zu steigern. Dafür sprechen beispielsweise auch die von einigen Ländern 1971 erreichten Exportsteigerungen (Ungarn 8, 0 Prozent, Rumänien 13, 7 Prozent, CSSR 10 Prozent).

Langfristige Handelsabkommen zwischen den RGW-Ländern sind eine wichtige Grundlage für die planmäßige Erweiterung des Warenaustausches. Tabelle 4c enthält einen Vergleich der in den Handelsabkommen der einzelnen RGW-Länder vereinbarten Zunahmen der Außenhandelsumsätze 1966/1970 im Vergleich zu den Abkommen 1961/1965 und 1971/1975 im Vergleich zu 1966/1970. Die Tabelle zeigt sehr starke Umsatzsteigerungen bis 1975 gegenüber dem

Planzeitraum 1966 bis 1970 zwischen einzelnen Ländern wie zum Beispiel Bulgarien/ČSSR, Bulgarien/Polen, DDR/Polen, DDR/Rumänien u. a. aber auch Stagnation oder Rückgang der Zuwachsraten. Letzteres zeigt sich zum Geispiel im Außenhandel Bulgarien/UdSSR und Ungarn/Polen.

Ausgehend von der breiten industriellen Struktur und der Notwendigkeit, durch zunehmende Spezialisierung und Kooperation eine stärkere Konzentration in Forschung, Entwicklung und Produktion, eine relative Einschränkung der Erzeugnissortimente und damit eine höhere Effektivität zu erreichen, ist unter den Bedingungen der DDR ein schnelleres Wachstum des Außenhandelsumsatzes von besonderer Bedeutung und findet seinen Niederschlag im Fünfjahrplan. In Tabelle 4f wurden die einzelnen Handelsabkommen der DDR für 1966/1970 (Abkommen und Ist) und 1971/1975 zusammengestellt. Es verhält sich das Abkommensvolumen 1971/1975 zum Ist 1966/1970 abgerundet wie folgt (Zuwachs in Prozent):

Alle europ. RGW-Länder	Bulgarien	Ungarn	Polen	Rumänien	UdSSR	ČSSR
58	92	55	72	75	57	38

Für die DDR kommt es in noch stärkerem Maße als bisher darauf an, in Struktur und Qualität den Bedürfnissen unserer Integrationspartner angepaßte Exportfonds zu entwickeln. Durch die aktive Mitwirkung der DDR an der sozialistischen ökonomischen Integration werden damit die Voraussetzungen für eine effektive Volkswirtschaftsstruktur, das Wachstum der nationalen Produktion und Produktivität und zur Erfüllung der Hauptaufgabe des Fünfjahrplanes geschaffen und gleichermaßen ein Beitrag zur Verwirklichung des proletarischen Internationalismus geleistet. Die SED wird deshalb "ihr Augenmerk darauf lenken, die vertraglichen Beziehungen zu festigen, die Kooperation zu entwickeln und die Zusammenarbeit in Forschung und Produktion auf größere Effektivität und eine hohe Steigerung der Arbeitsproduktivität zum gemeinsamen Nutzen zu konzentrieren."[11]

Die konzipierte starke Zunahme des Außenhandels der DDR mit dem Hauptpartner der Integration, der Sowjetunion, wird dazu führen, daß sich der Anteil der DDR am Außenhandelsumsatz der UdSSR mit den Partnerländern des

RGW im Planjahrfünft 1971/1975 erhöhen wird. Über die Anteile der einzelnen RGW-Länder am RGW-Handel der Sowjetunion von 1961/1965 bis 1971/1975 unterrichtet Abbildung 3.

Sowohl vom Volumen als von der qualitativen Struktur ist der Außenhandel mit der UdSSR für alle Integrationspartner von großer Bedeutung. Die Handelsabkommen mit der UdSSR für den Planzeitraum bis 1975 zeigen für alle Partnerländer eine weitere Umsatzsteigerung.

In den Handelsabkommen der UdSSR mit den anderen RGW-Ländern für 1971/1975 vereinbarte Außenhandelsumsätze[12]

Land	1961-1965 Ist (Mrd. Rubel)	1966-1970 Ist (Mrd. Rubel)	1966/70 1961/65 in Prozent	1971-1975 Abkommen (Mrd. Rubel)	1971/75 1966/70 in Prozent
Alle RGW-Länder	37,3	51,6	138,3	77	149,2
Davon:					
Bulgarien	4,3	7,8	181,4	12,5	160,3
Ungarn	3,9	6,0	153,9	9,3	155,0
DDR	11,3	14,0	123,9	22	157,1
Polen	5,7	9,3	163,2	13,1	140,9
Rumänien	3,5	4,0	114,3	5,3	132,5
ČSSR	7,7	9,4	122,1	13,5	143,6

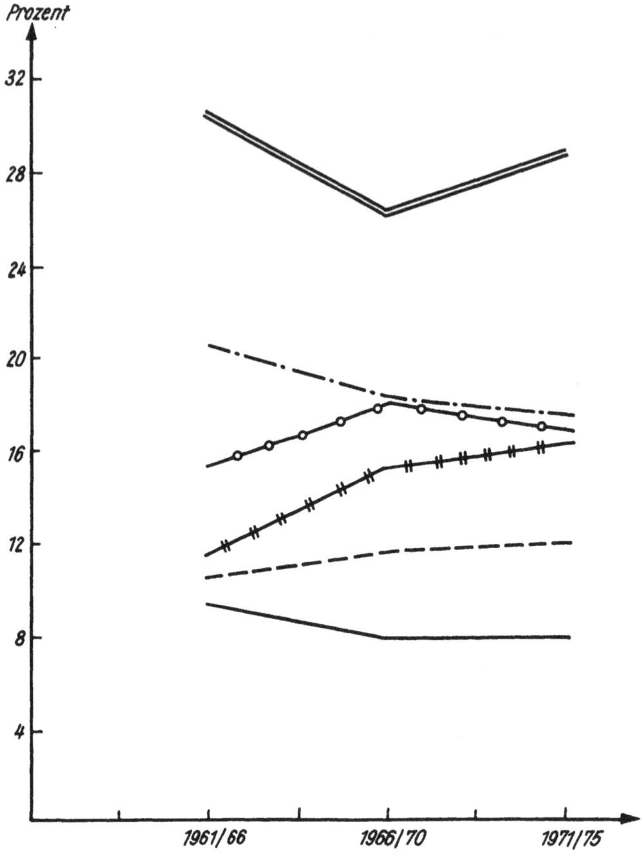

Abb. 3 Anteil der einzelnen europäischen RGW-Länder am Außenhandelsumsatz der UdSSR mit allen RGW-Ländern 1961/65 bis 1971/75

Über diesen wachsenden Warenaustausch hinaus ist im Planzeitraum die zunehmende Wissenschafts- und Forschungskooperation und Spezialisierung und Kooperation der Produktion charakteristisch für die Vertiefung der sozialistischen Außenwirtschaftsbeziehungen.

In den über 20 Jahren seit der Gründung des RGW hat sich die Industrieproduktion der Mitgliedstaaten um mehr als das Sechsfache und das Nationaleinkommen um etwa das Vierfache erhöht. Alle europäischen RGW-Länder haben sich zu modernen Industriestaaten entwickelt. Zweige, wie Energiewirtschaft, Maschinenbau, Elektrotechnik und Chemie, die den wissenschaftlich-technischen Fortschritt besonders charakterisieren, nahmen einen schnellen Aufschwung. Die in den nationalen Fünfjahrplänen formulierten Zielstellungen zeugen von der Beschleunigung dieses Prozesses, der nicht zuletzt vom Tempo der sozialistischen ökonomischen Integration mitbestimmt wird. Ungeachtet der konkreten Vielfalt der Aufgabenstellungen zeigt sich in den Plänen bis 1975 die dialektische Einheit von Ziel und Mittel der sozialistischen Produktion, widerspiegeln sich die Anstrengungen der kommunistischen und Arbeiterparteien, der Regierungen und Werktätigen zur weiteren Intensivierung des Reproduktionsprozesses und Erhöhung des materiellen und kulturellen Lebensniveaus in allen RGW-Staaten.

8. ANMERKUNGEN

1 Komplexprogramm für die weitere Vertiefung und Vervollkommnung der Zusammenarbeit und Entwicklung der sozialistischen ökonomischen Integration der Mitgliedsländer des RGW, Neues Deutschland vom 7. 8. 1971, Ausgabe A, S. 3-11.

2 Dokumente des VIII. Parteitages der SED, Berlin 1971, S. 70.

3 Bericht des ZK an den VIII. Parteitag der SED, Berlin 1971, S. 43.

4 O. Bogomolov, W. Terechov, Lenin und die Entwicklung der sozialistischen Weltgemeinschaft, in: "Voprosi Ekonomiki" 2/1970, S. 10. Berechnung der Zahlen 1966/70 anhand der nationalen Statistiken durch die Verfasser.

5 Falusné, Szikra Katalin, A létszám és a termelékonyság szerepe az europai szocialista országok gazdasági növekedésében (Die Rolle der Beschäftigtenanzahl und der Produktivität in dem Wirtschaftswachstum der europäischen sozialistischen Länder), Közgazdasági Szemle, Budapest 14. Jg. 12/1967, S. 1421.

6 W. Stoph, Rede vor der 3. Tagung der Volkskammer der DDR, Neues Deutschland vom 21. 12. 1971, Ausgabe A, S. 3.

7 L. I. Breshnew, Presse der Sowjetunion, 40/1971, S. 27.

8 Neues Deutschland vom 21. 4. 1972, Ausgabe A, S. 6.

9 A. Kossygin, Programm zur bedeutenden Hebung des Lebensniveaus des ganzen Sowjetvolkes, Neues Deutschland vom 25. 11. 1971, Ausgabe A, S. 3.

10 Rechenschaftsbericht des ZK der KPdSU an den XXIV. Parteitag der Kommunistischen Partei der Sowjetunion, Referent: L. I. Breshnew, Moskau/Berlin 1971, S. 14.

11 Entschließung des VIII. Parteitages der Sozialistischen Einheitspartei Deutschlands zum Bericht des Zentralkomitees, in: Dokumente des VIII. Parteitages der SED, Berlin 1971, S. 13.

12 Die Tabelle wurde von der Forschungsgruppe: "Sozialistische internationale Arbeitsteilung" am Zentralinstitut für Wirtschaftswissenschaften erarbeitet.

9. LITERATURVERZEICHNIS

..., (Auszüge aus dem Referat von J. Kádár auf dem X. Parteitag der Ungarischen Sozialistischen Arbeiterpartei) (ung.), Közgazdasági Szemle, Budapest 18 (1971) 1, S. 1 - 16

Berichte über die Erfüllung der nationalen Volkswirtschaftspläne des Jahres 1971

..., Bulgariens Fünfjahrplan für 1971 bis 1975, Marktinformationen für Industrie und Außenhandel der DDR, Berlin 15 (1971) 18, S. 1 - 2

Chelinski, Ryszard, A lengyel népgazdaság iparositásának második szakasza (1958 - 1966) (Zweite Periode der Industrialisierung der polnischen Volkswirtschaft 1958 - 1966), Közgazdasági Szemle, Budapest 14 (1967) 10, S. 1165 - 1178

Dančo, Jan (Dantscho), Problemy razvitija sel'skogo chozjajstva v ČSSR (Probleme der Entwicklung der Landwirtschaft in der ČSSR), Vopr. Ekon., Moskva 24 (1971) 6, S. 105 - 112

..., Smernice XIV. sjezdu KSČ k 5. pětiletému plánu rozvoja národniko hospodárstvi na léta 1971 - 1975 (Direktiven des XIV. Parteitages der KPČ zum fünften Fünfjahrplan der Volkswirtschaft 1971 - 1975), Rudé Právo, Praha (1971) Beil., S. 1 - 15, Hosp. Noviny, Praha (1971) 16, Beil., S. 1 - 16

..., Direktive des Zentralkomitees der SED zum Fünfjahrplan für die Entwicklung der Volkswirtschaft der DDR 1971 bis 1975, Neues Deutschland, Rep. Ausg., 26 Berlin (1971) 123, Sonderbeilage v. 5. 5., S. 1 - 19

Drecin, József: Hetényi, István, A növekedési ütem és a fö arányok a negyedik ötéves terv kidolgozásának irányelveiben (Wachstumstempo und Hauptproportionen der Direktiven des vierten Fünfjahrplanes), Gazdaság, Budapest 4 (1970) 2, S. 16 - 31

..., Die Entwicklung der Volkswirtschaft im Jahre 1970, dem letzten Jahr des Perspektivplanes 1966 - 1970, Neues Deutschland, Rep. Ausg., Berlin 26 (1971) 22 v. 22. 1., S. 3 - 4

..., Entwurf des ZK der KPdSU. Direktiven des XXIV. Parteitages der KPdSU zum Fünfjahrplan für die Entwicklung der Volkswirtschaft der UdSSR in den Jahren 1971 - 1975, Neues Deutschland, Rep. Ausg., Berlin 26 (1971) 47 v. 16. 2., S. 3 - 8

..., Entwurf über die Organisation und Leitung der staatlichen Wirtschaftseinheiten, Neuer Weg, Bukarest 23 (1971) 6862, S. 3 - 5

..., Erfüllung des Volkswirtschaftsplanes 1970 in der ČSSR, Marktinform. Ind. u. Außenhandel DDR, Berlin 15 (1971) 13, S. 1 - 2

..., Ob itogach vypolnenija gosudarstvennogo plana razvitija narodnogo chozjajstva SSSR v 1970 godu (Über die Ergebnisse der Erfüllung des Staatsplanes zur Entwicklung der Volkswirtschaft der UdSSR im Jahre 1970), Ekon. Gaz., Moskva (1971) 7, S. 3 - 6

Falusné, Szikra Katalin, A létszám és a termelékenység szerepe az europai szocialista országok gazdasági növekedésében (Die Rolle der Beschäftigtenanzahl und der Produktivität in dem Wirtschaftswachstum der europäischen sozialistischen Länder), Közgazdasági Szemle, Budapest 14 (1967) 12, S. 1419 - 1431

Jaroszewicza, Piotra, Westowe problemy spoeczno-gospodarczego rozwoju kraju w latach 1971 - 1975 (Ref. Biura Politycznego na X. Plenum KC PZPR) (Hauptprobleme der sozialökonomischen Entwicklung des Landes in den Jahren 1971 - 1975 (Ref. d. Politbüros auf dem X. Plenum des ZK der PVAP), Tribuna Ludu, Warszawa 23 (1971) 176 v. 25. 6., S. 3 - 4

..., Internationales statistisches Material zur Grundfondsreproduktion. Ausgewählte sozialistische und kapitalistische Länder, Hersg.: Statistisch-analytische Rechengruppe des Zentralinstituts für Wirtschaftswissenschaften der Akademie der Wissenschaften der DDR, Berlin (1971) 12, 138 Tab., ein Anhang

..., Komplexprogramm für die weitere Vertiefung und Vervollkommnung der Zusammenarbeit und Entwicklung der sozialistischen ökonomischen Integration der Mitgliedsländer des RGW, Neues Deutschland, Rep. Aus., Berlin 26 (1971) 216 v. 7. 8., S. 1

Kossygin, Alexej N., Die Direktiven des XXIV. Parteitages der KPdSU zum Fünfjahrplan für die Entwicklung der Volkswirtschaft der UdSSR in den Jahren 1971 - 1975, Neues Deutschland, Rep. u. Berl. Ausg., Berlin 26 (1971) 97 v. 7. 4., S. 3 - 7

Kovács, László, A szovjet népgazdaság fejlesztésének IX ötéves terve (Der neunte Fünfjahrplan der sowjetischen Volkswirtschaft), Közgazdasági Szemle, Budapest 18 (1971) 5, S. 513 - 521

Lebedinskij, M. (Lebendinski), Novyj pjatiletnij plan (1971 - 1975 gody) koncentrirovannoe vyrazenie ékonomiceskoj politiki KPSS na sovremennom etape (Der neue Fünfjahrplan (1971 - 1975) als konzentrierter Ausdruck der ökonomischen Politik der KPdSU in der gegenwärtigen Etappe), Plan. Choz., Moskva 48 (1971) 3, S. 13 - 24

Mikulski, K. (s. Mikul skij), Intensivierung der Produktion und ökonomische Integration der RGW-Länder, Sowjetwiss., gesellsch. -wiss. Beitr., Berlin (1971) 7, S. 688 - 701, gek. Übers. aus Vopr. Ekon., Moskva (1971) 3

..., 1970 - erfolgreiches Jahr für die Volkswirtschaft der UdSSR, Neues Deutschland, Rep. Ausg., Berlin 26 (1971) 35 v. 4. 2., S. 1

Novák, Josef, ČSSR. Stabile Entwicklung zum Wohle des Menschen, Wirtschaft, Ausg. A, Berlin 26 (1971) 27, S. 21 - 22

..., Ekonomiceskoe polozenie kapitalisticeskich i razvivajuscichsja stran. Obzor za 1970 g. i natalo 1971 g. (Ökonomische Lage der kapitalistischen und Entwicklungsländer für 1970 und Anfang 1971), Beilage "Mir. Ekon. i mezdun. otnos, Moskva (1971) 8, S. 1 - 159

Pócs, Erwin, A KGST-országok gazdasága az új ötéves tervidöszak kezdetén (Die Wirtschaft der RGW-Länder zu Beginn der neuen Fünfjahrplanperiode), Közgazdasági Szemle, Budapest 18 (1971) 5, S. 593 - 604, 10 Tab.

..., Polens Wirtschaft 1970, Marktinform. Ind. u. Außenhandel DDR, Berlin 15 (1971) 20, S. 1 - 2

..., Rumäniens Volkswirtschaftsplan für 1971 bis 1975, Marktinform. Ind. u. Außenhandel DDR, Berlin 15 (1971) 25, S. 1 - 2

..., Rumäniens Wirtschaft 1966 bis 1970, Marktinform. Ind. u. Außenhandel DDR, Berlin 15 (1971) 17, S. 1 - 2

Sokolov, A. (Sokolow), Magistral'nyj put razvitija ekonomiki stran socializma (Hauptweg der Wirtschaftsentwicklung der Länder des Sozialismus), Mezdun. žizň., Moskva (1971) 5, S. 21 - 31

Sokolow, M. (S. Sokolov), Neue Erscheinungen in der Weltwirtschaft und der revolutionäre Prozeß, Sowjetwiss. gesellsch. -wiss. Beitr., Berlin (1970) 7, S. 681 - 695, gek. Übers., Kommunist, Moskva (1970) 3

..., Nationale Statistische Jahrbücher der europäischen RGW-Länder

..., Statisticeskij ezegodnik stran-clenov Soveta Ekon. vzaimopomosci (Statistisches Jahrbuch der Mitgliedländer des RGW), Sov. Ekon. vzaimopomosci, Moskva 1970 und 1971

..., Statistisches Jahrbuch über Wissenschaft, Technik und Grundfondsreproduktion 1969, Teil I (S. 4)

Stiemerling, K. -H., Eine Koalition, wie sie die Welt noch nicht kannte, Neues Deutschland, Berlin 26 (1971) 72, v. 13. 3., S. 4

Ulbrichné A'cs, Magda, Makroökonomiai mutatók alakulása 1950-67 között és következtetések az 1970-85 - ös idöszakra (Dynamik einiger makroökonomischer Kennziffern 1950-1967 und Schlußfolgerungen für die Periode 1970-1985), Közgazdasági Szemle, Budapest 17 (1970) 2, S. 168 - 181

..., Ungarns Fünfjahrplan für 1971 bis 1975, Marktinform. Ind. u. Außenhandel DDR, Berlin 15 (1971) 6, S. 1 - 2

Usievic, M. (Usievitsch), Problemy povysenija effektivnosti proizvodstva v evropejskich stranach-clenach SEV (Zum Problem der Erhöhung der Effektivität der Produktion in den europäischen RGW-Ländern), Vopr. Ekon., Moskva 24 (1971) 2, S. 78 - 87

..., Festliche Versammlung in der Hauptstadt. Darlegung des Genossen Nicolae Ceaucescu, Neuer Weg, Bukarest 23 (1971) 6843 v. 8. 5., S. 1 - 2

..., Wissenschaftlich-technischer Fortschritt und wirtschaftliche Entwicklung der RGW-Länder, Marktinform. Ind. u. Außenhandel DDR, Berlin 15 (1971) 23, S. 1 - 2

..., Die Zielsetzungen des neuen polnischen Fünfjahrplans, ADN-Korr., Warschau (1971) 24. 5., auch: ADN Inform. -Bull. Wirtsch., Berlin (1971) 102 v. 26. 5., S. a1 - a6

Zivkov, Todor, Otceten doklad na Bulgarskata Kommunisticeska Partija (X. Parteitag der Bulgarischen Kommunistischen Partei), Rabotnic. Delo, Sofija 45 (1971) 3 v. 21. 4., S. 2 - 12.

10. TABELLENANHANG

Tabelle 1 a

Wachstum des Nationaleinkommens der europäischen RGW-Länder im jeweiligen 5-Jahres-Zeitraum (in Prozent)

Land	Ist		Plan
	1965 (1960 = 100)	1970 (1965 = 100)	1975 (1970 = 100)
Bulgarien	138	152	147 - 150
Ungarn	122	139	130 - 132
DDR	118	129	127
Polen	135	133	138 - 139
Rumänien	155	144	168 - 182
UdSSR	137	144	139
ČSSR	110	140	128

Tabelle 1 b

Jahresdurchschnittliche Wachstumsraten des Nationaleinkommens der europäischen RGW-Länder im jeweiligen 5-Jahres-Zeitraum (in Prozent)

Land	Ist		Plan
	1961 - 1965	1966 - 1970	1971 - 1975
Bulgarien	6, 7	8, 7	8, 0 - 8, 4
Ungarn	4, 1	6, 8	5, 4 - 5, 7
DDR	3, 4	5, 2	4, 9
Polen	6, 2	5, 9	6, 7 - 6, 8
Rumänien	9, 2	7, 6	10, 9 - 12, 7
UdSSR	6, 5	7, 6	6, 8
ČSSR	1, 9	7, 0	5, 1

Tabelle 2 a

Wachstum der Industrieproduktion der europäischen RGW-Länder im jeweiligen 5-Jahres-Zeitraum (in Prozent)

Land	Ist		Plan
	1965 (1960 = 100)	1970 (1965 = 100)	1975 (1970 = 100)
Bulgarien	174	168	155 - 160
Ungarn	144	134	132 - 134
DDR	132	137	134
Polen	150	150	148 150
Rumänien	191	175	168 - 178
UdSSR	151	150	147
ČSSR	129	139	134 - 136

Tabelle 2 b

Jahresdurchschnittliche Wachstumsraten der Industrieproduktion der europäischen RGW-Länder im jeweiligen 5-Jahres-Zeitraum (in Prozent)

Land	Ist		Plan
	1961 - 1965	1966 - 1970	1971 - 1975
Bulgarien	11,7	10,9	9,2 - 9,9
Ungarn	7,6	6,1	5,7 - 6,0
DDR	5,7	6,6	6,0
Polen	8,4	8,4	8,2 - 8,4
Rumänien	13,8	11,9	10,9 - 12,2
UdSSR	8,6	8,5	8,1
ČSSR	5,2	6,7	6,0 - 6,3

Tabelle 3 a

Entwicklung der landwirtschaftlichen Produktion der europäischen RGW-Länder im Vergleich zum vorangegangenen 5-Jahres-Zeitraum (in Prozent)

Land	Ist		Plan
	1961 - 1965 (1956-1960=100)	1966 - 1970 (1961-1965=100)	1971 - 1975 (1966-1970=100)
Bulgarien	117	119	117 - 120
Ungarn	106	116	115 - 116
DDR	104	108	112 - 113
Polen	115	110	118 - 121
Rumänien	113	110	136 - 149
UdSSR	112	121	120 - 122
ČSSR	97	127	113 - 114

Tabelle 3 b

Jahresdurchschnittliches Wachstum der landwirtschaftlichen Produktion der europäischen RGW-Länder im Vergleich zum vorangegangenen 5-Jahres-Zeitraum (in Prozent)

Land	Ist		Plan
	1961 - 1965	1966 - 1970	1971 - 1975
Bulgarien	3, 2	3, 5	3, 2 - 3, 7
Ungarn	1, 2	3, 0	2, 8 - 3, 0
DDR	0, 8	1, 6	2, 4
Polen	2, 8	1, 9	3, 4 - 3, 9
Rumänien	2, 5	1, 9	6, 3 - 8, 3
UdSSR	2, 3	3, 9	3, 7 - 4, 1
ČSSR	- 0, 6	4, 9	2, 7

Tabelle 3 c

**Entwicklung der landwirtschaftlichen Produktion der europäischen RGW-Länder in den Jahren 1966 - 1970
(Veränderung im Vergleich zum Vorjahr in Prozent)**

Land	1966	1967	1968	1969	1970
Bulgarien	14	3	- 7	4	4
Ungarn	9	3	1	7	- 5
DDR	4	6	2	- 7	4
Polen	5	2, 5	4	- 5	2
Rumänien	14	2	- 3	3	- 5
UdSSR	9	2	5	- 4	9
ČSSR	11	5, 5	5	2	1

Tabelle 4 a

Entwicklung des Außenhandelumsatzes der europäischen RGW-Länder im jeweiligen 5-Jahres-Zeitraum (in Prozent)

Land	Ist		Plan
	1965 (1960 = 100)	1970 (1965 = 100)	1975 (1970 = 100)
Bulgarien	195	163	160 - 165
Ungarn	164	160	140 - 150
DDR	133	160	150[1]
Polen	162	157	157
Rumänien	160	175	155 - 158
UdSSR	145	151	150[1 2]
ČSSR	143	140	137

Tabelle 4 b

Jahresdurchschnittliches Wachstum des Außenhandelumsatzes der europäischen RGW-Länder im jeweiligen 5-Jahres-Zeitraum (in Prozent)

Land	Ist		Plan
	1961 - 1965	1966 - 1970	1971 - 1975
Bulgarien	14, 3	10, 3	9, 9 - 10, 5
Ungarn	10, 4	9, 9	7, 0 - 8, 4
DDR	5, 9	9, 9	8, 5[1]
Polen	10, 1	9, 4	9, 4
Rumänien	9, 9	11, 8	9, 2 - 9, 5
UdSSR	7, 7	8, 6	8, 4[1 2]
ČSSR	7, 4	7, 0	6, 5

[1] Entwicklung des Warenumsatzes mit den RGW-Ländern

[2] Zuwachs 1971 - 1975 gegenüber 1966 - 1970

Tabelle 4 c

Entwicklung des Exports und Imports der europäischen RGW-Länder von 1960 - 1970 (in Prozent)

	Export		Import	
	1965 (1960 = 100)	1970 (1965 = 100)	1965 (1960 = 100)	1970 (1965 = 100)
Bulgarien	**205**	**171**	**186**	**155**
Ungarn	**173**	**153**	**156**	**166**
DDR	**139**	**149**	**128**	**173**
Polen	**168**	**159**	**156**	**154**
Rumänien	**154**	**168**	**166**	**182**
UdSSR	**147**	**157**	**143**	**146**
ČSSR	**139**	**141**	**147**	**138**

Tabelle 4 d

Entwicklung des Außenhandelsumsatzes sowie des Imports und Exports der europäischen RGW-Länder von 1965 - 1970 (Veränderungen in Prozent zum Vorjahr)

Land	1966/65	1967/66	1968/67	1969/68	1970/69
			Außenhandelsumsatz		
Bulgarien	118	109	112	104	108
Ungarn	104	110	103	112	120
DDR	109	105	107	115	114
Polen	104	108	110	111	113
Rumänien	110	123	105	110	113
UdSSR	103	109	110	110	112
ČSSR	102	101	110	109	113
			Export		
Bulgarien	111	112	111	111	112
Ungarn	106	107	105	116	111
DDR	104	108	110	110	110
Polen	102	111	113	110	113
Rumänien	108	118	105	111	113
UdSSR	108	109	110	110	110
ČSSR	102	104	105	110	114
			Import		
Bulgarien	125	106	113	98	105
Ungarn	103	114	101	107	130
DDR	114	102	103	122	118
Polen	107	106	108	113	112
Rumänien	113	128	104	108	113
UdSSR	98	108	110	108	114
ČSSR	102	98	115	107	112

Tabelle 4 c

Vergleich der geplanten Wachstumsraten (in Prozent) im Außenhandel der RGW-Länder untereinander für die Zeiträume 1971 bis 1975 (im Zähler) und 1966 bis 1970 (im Nenner)

Wachstumstempo 1971 - 1975 gegenüber 1966 - 1970 in Prozent / Gesamtzuwachs im jeweiligen 5-Jahrplan-Zeitraum	Bulgarien	Ungarn	DDR	Polen	Rumänien	UdSSR	CSSR
Bulgarien		170/176	183/140	200/141	190/150	157/170	200/115
Ungarn	97		166/140	140/170	170/120	150/150	160/144
DDR	131	119		170/146	170/144	156/143	150/134
Polen	142	82	116		180/155	167/150	180/143
Rumänien	127	142	118	116		135/130	150/130
UdSSR	92	100	109	111	104		143/150
ČSSR	174	111	112	126	115	95	

Tabelle 4 f

Die langfristigen Handelsabkommen der DDR mit den europäischen RGW-Ländern
1966 - 1970 und 1971 - 1975 (Mrd. Rubel)

Zeitraum	Bulgarien	Ungarn	Polen	Rumänien	UdSSR	ČSSR	Insgesamt
1966 - 1970 Abkommen	0, 9	1, 6	2, 4	0, 6	12, 8	2, 6	20, 9
1966 - 1970 Realisierung	1, 21	1, 68	2, 38	0, 81	13, 97	3, 26	23, 31
1971 - 1975 Abkommen	2, 3	2, 6	4, 1	1, 4	22, 0	4, 5	35, 6

Tabelle 5 a

Entwicklung des Investitionsvolumens in der Volkswirtschaft der europäischen RGW-Länder im jeweiligen 5-Jahres-Zeitraum (Steigerung des Gesamtvolumens gegenüber dem Volumen des vorangegangenen Berichtszeitraums in Prozent)

Land	Ist		Plan
	1961 - 1965 (1956-1960=100)	1966 - 1970 (1961-1965=100)	1971 - 1975 (1966-1970=100)
Bulgarien	181	182	139
Ungarn	166	156	130 - 135
DDR	140	152	129
Polen	148	149	max. 140
Rumänien	199	169	166
UdSSR	145	142	136 - 140
ČSSR	...[1]	175	135 - 137

[1] Angaben sind wegen starker Preisveränderungen nicht vergleichbar

Tabelle 5b

Jahresdurchschnittliches Wachstum des Investitionsvolumens in der Volkswirtschaft der europäischen RGW-Länder im jeweiligen 5-Jahres-Zeitraum (in Prozent)

	Ist		Plan
	1961 - 1965	1966 - 1970	1971 - 1975
Bulgarien	14, 1	10, 0	6, 8
Ungarn	10, 7	9, 3	5, 4 - 6, 2
DDR	7, 0	8, 7	5, 2
Polen	8, 0	8, 3	max. 7, 0
Rumänien	14, 8	11, 1	10, 7
UdSSR	7, 7	7, 3	6, 3 - 7, 0[1]
ČSSR	....	11, 8	6, 2 - 6, 5

[1] Entwurf der Direktiven des XXIV. Parteitages der KPdSU zum Fünfjahrplan 1971 - 1975

Tabelle 5 c

Entwicklung des Investitionsvolumens in der Volkswirtschaft der europäischen RGW-Länder von 1960 - 1970 (Veränderung in Prozent zum Vorjahr)

Land	1961/60	1962/61	1963/62	1964/63	1965/64	1966/65	1967/66	1968/67	1969/68	1970/69
Bulgarien	102	106	114	110	107	120	124	109	101	110
Ungarn	95	109	115	104	101	110	119	93	132	115
DDR	101	102	102	110	109	107	109	110	115	107
Polen	107	111	103	104	110	109	111	109	109	104
Rumänien	118	113	108	110	108	109	117	112	106	112
UdSSR	104	105	105	109	108	107	108	108	103	111
ČSSR	108	97	89	111	107	110	103	108	110	106

Tabelle 5 d

Entwicklung des Investitionsvolumens in den Hauptbereichen der Volkswirtschaft der europäischen RGW-Länder (in Prozent)

Land	Industrie		Bauwirtschaft		Land- und Forstwirtschaft		Transport und Verkehrswesen	
	1965 (1960=100)	1970 (1965=100)	1965 (1960=100)	1970 (1965=100)	1965 (1960=100)	1970 (1965=100)	1965 (1960=100)	1970 (1965=100)
Bulgarien	191	181	243	191	97	142	168	230
Ungarn	133	165	147	200	116	220	139	183
DDR	141	153	96	261	143	157	113	147
Polen	147	144	171	172	181	146	148	178
Rumänien	190	170	370	186	161	150	191	189
UdSSR	139	139	124	194	173	152	138	138
ČSSR	118	128	97	179	91	109	131	156

Tabelle 5 e

Entwicklung der Investitionsstruktur der Volkswirtschaft der europäischen RGW-Länder (in Prozent, Volkswirtschaft insgesamt = 100)

Land Volkswirtschaftliche Bereiche	1950	1960	1970
Bulgarien			
Produzierende Bereiche	63, 3	73, 6	76, 2
darunter			
Industrie und Bauwirtschaft	36, 9	35, 7	48, 1
Land- und Forstwirtschaft	10, 8	29, 7	15, 7
Transport und Verkehr	13, 7	5, 9	8, 7
Handel, mat. -technische Versorgung und Bereitstellung	1, 8	2, 2	3, 6
Nicht-produzierende Bereiche	36, 7	26, 4	23, 8
darunter			
Kommunale Wohnungswirtschaft und Dienstleistungen	23, 3	19, 2	15, 8
Wissenschaft, wissensch. Dienste, Bildung, Kultur und Kunst	3, 0	4, 4	4, 2
Gesundheitswesen, Sozialfürsorge und Körperkultur	1, 8	1, 5	1, 6
Ungarn			
Produzierende Bereiche	62, 5	69, 4	70, 7
darunter			
Industrie und Bauwirtschaft	34, 2	37, 6	36, 2
Land- und Forstwirtschaft	8, 3	18, 1	20, 0
Transport und Verkehr	17, 7	10, 7	11, 7
Handel, mat. -technische Versorgung und Bereitstellung	2, 3	3, 0	2, 9
Nicht-produzierende Bereiche	37, 5	30, 6	29, 3
darunter			
Kommunale Wohnungswirtschaft und Dienstleistungen	33, 6	25, 6	23, 4
Wissenschaft, wissensch. Dienste, Bildung, Kultur und Kunst[1]	2, 7	3, 5	3, 3
Gesundheitswesen, Sozialfürsorge und Körperkultur[2]	1, 2	1, 5	2, 5

[1] einschließlich Körperkultur

[2] ohne Körperkultur

Fortsetzung von Tabelle 5 e

Land Volkswirtschaftliche Bereiche	1950	1960	1970
DDR			
Produzierende Bereiche	73,9	78,4	83,6
darunter			
Industrie und Bauwirtschaft	46,6	52,3	55,3
Land- und Forstwirtschaft	11,7	12,0	13,3
Transport und Verkehr	13,8	10,7	8,8
Handel, mat.-technische Versorgung und Bereitstellung	1,5	2,9	4,9
Nicht-produzierende Bereiche	26,1	21,6	16,4
darunter			
Kommunale Wohnungswirtschaft und Dienstleistungen		12,7	7,2
Wissenschaft, wissensch. Dienste, Bildung, Kultur und Kunst		2,8	3,7
Gesundheitswesen, Sozialfürsorge und Körperkultur		1,1	1,6
Polen			
Produzierende Bereiche	72,4	69,2	76,5
darunter			
Industrie und Bauwirtschaft	39,8	42,3	44,2
Land- und Forstwirtschaft	13,1	12,3	15,6
Transport und Verkehr	16,1	11,1	13,8
Handel, mat.-technische Versorgung und Bereitstellung	3,8	3,1	2,7
Nicht-produzierende Bereiche	27,6	30,8	23,5
darunter			
Kommunale Wohnungswirtschaft und Dienstleistungen	15,7	22,7	17,3
Wissenschaft, wissensch. Dienste, Bildung, Kultur und Kunst	4,4	5,2	3,4
Gesundheitswesen, Sozialfürsorge und Körperkultur	2,2	2,3	1,8

Fortsetzung von Tabelle 5 e

Land Volkswirtschaftliche Bereiche	1950	1960	1970
Rumänien			
Produzierende Bereiche	80,1	75,8	83,3
darunter			
Industrie und Bauwirtschaft	49,4	44,2	51,7
Land- und Forstwirtschaft	11,8	19,6	16,4
Transport und Verkehr	16,4	9,2	11,6
Handel, mat.-technische Versorgung und Bereitstellung	2,3	2,7	3,5
Nicht-produzierende Bereiche	19,9	24,2	16,7
darunter			
Kommunale Wohnungswirtschaft und Dienstleistungen	11,9	18,4	12,2
Wissenschaft, wissensch. Dienste, Bildung, Kultur und Kunst	4,3	3,7	2,4
Gesundheitswesen, Sozialfürsorge und Körperkultur	1,4	1,4	1,4
UdSSR			
Produzierende Bereiche	70,5	65,2	69,7
darunter			
Industrie und Bauwirtschaft	41,4	38,8	39,0
Land- und Forstwirtschaft	14,1	13,6	18,3
Transport und Verkehr	13,2	9,9	9,7
Handel, mat.-technische Versorgung und Bereitstellung	1,8	3,0	2,6
Nicht-produzierende Bereiche	29,5	34,8	30,3
darunter			
Kommunale Wohnungswirtschaft und Dienstleistungen[1]	26,0	29,0	24,7
Wissenschaft, wissensch. Dienste, Bildung, Kultur und Kunst	3,5	5,8	5,7

[1] einschließlich Gesundheitswesen, Sozialfürsorge und Körperkultur

Fortsetzung von Tabelle 5 e

Land Volkswirtschaftliche Bereiche	1950	1960	1970
ČSSR			
Produzierende Bereiche	70,8	73,0	70,4
darunter			
Industrie und Bauwirtschaft	47,0	43,5	42,1
Land- und Forstwirtschaft	8,1	16,8	10,7
Transport und Verkehr	13,5	9,5	12,4
Handel, mat.-technische Versorgung und Bereitstellung	1,2	3,3	5,0
Nicht-produzierende Bereiche	29,2	27,0	29,6
darunter			
Kommunale Wohnungswirtschaft und Dienstleistungen	18,1	18,4	19,7
Wissenschaft, wissensch. Dienste, Bildung, Kultur und Kunst	3,7	5,4	5,2
Gesundheitswesen, Sozialfürsorge und Körperkultur	2,8	1,4	2,3

Tabelle 5 f

Investitionsstruktur in der Industrie der europäischen RGW-Länder (in Prozent)

Land Industrie	1955	1960	1965	1970
Bulgarien				
Industrie insgesamt	100	100	100	100
darunter				
Energieproduktion	28	14	16	13
Brennstoffindustrie	20	16	13	9
Maschinenbau und metallverarbeitende Industrie	10	10	12	20
Chemische und Gummi-Asbest-Industrie	2	5	9	16
Ungarn				
Industrie insgesamt	100	100	100	100
darunter				
Energieproduktion	17	16	14	12
Brennstoffindustrie	23	18	22	16
Maschinenbau und metallverarbeitende Industrie	12	20	18	19
Chemische und Gummi-Asbest-Industrie	10	9	13	11
DDR[1]				
Industrie insgesamt		100	100	100
darunter				
Energieproduktion) Brennstoffindustrie)	...	39	32	19
Maschinenbau und metallverarbeitende Industrie	...	14	18	27
Chemische und Gummi-Asbest-Industrie	...	18	22	21

[1] nur bedingt vergleichbar mit den anderen Ländern, da nicht nach RGW-Nomenklatur

Fortsetzung von Tabelle 5 f

Land Industrie	1955	1960	1965	1970
Polen				
Industrie insgesamt	100	100	100	100
darunter				
Energieproduktion	13	11	11	11
Brennstoffindustrie	19	19	21	16
Maschinenbau und metallverarbeitende Industrie	15	14	19	21
Chemische und Gummi-Asbest-Industrie	15	12	14	13
Rumänien				
Industrie insgesamt	100	100	100	100
darunter				
Energieproduktion	12	10	18	15
Brennstoffindustrie	35	27	18	13
Maschinenbau und metallverarbeitende Industrie	6	9	7	20
Chemische und Gummi-Asbest-Industrie	7	13	13	12
UdSSR				
Industrie insgesamt	100	100	100	100
darunter				
Energieproduktion	15	11	12	11
Brennstoffindustrie	24	19	20	18
Maschinenbau und metallverarbeitende Industrie	15	14	15	21
Chemische und Gummi-Asbest-Industrie	4	7	11	9

Fortsetzung von Tabelle 5 f

Land Industrie	1955	1960	1965	1970
ČSSR				
Industrie insgesamt	100	100	100	100
darunter				
Energieproduktion	20	13	14	10
Brennstoffindustrie	16	17	16	8
Maschinenbau und metallverarbeitende Industrie	13	17	16	18
Chemische und Gummi-Asbest-Industrie	9	6	11	13

Tabelle 5 g

Dynamik der Investitionen in der Volkswirtschaft der europäischen RGW-Länder
(Zuwachs 1970 gegenüber 1960, 1960 = 100 Prozent)

	Bulgarien	Ungarn	DDR	Polen	Rumänien	UdSSR	ČSSR
Industrie und Bauwirtschaft	350	223	155	218	339	196	152
Land- und Forstwirtschaft	140	220	225	265	298	264	100
Transport und Verkehr	392	212	167	262	364	191	205
Handel, mat.-technische Versorgung und Bereitstellung	417	202	333	177	383	171	256
Materielle Bereiche insgesamt	269	236	217	231	318	208	151
Nichtmaterielle Bereiche insgesamt	235	222	155	159	200	170	172
darunter							
Komm. Wohnungswirtschaft und Dienstleist.	212	201	117	159	187	166	168
Wissenschaft, wissensch. Dienste, Bildung, Kultur und Kunst	254		259	137	185	188	152
Gesundheitswesen, Sozialfürsorge und Körperkultur	278		283	163	294		254

Tabelle 6 a

Grundfondsstruktur der Volkswirtschaft der europäischen RGW-Länder (in Prozent)

	Jahr	Grundfonds			
		Produzierende Bereiche			Nichtproduzierende Bereiche
		Ind. u. Bauw.	Landw. schaft	Transp. u. Verk.	
Bulgarien	1960	21,3	13,4	17,3	46,2
	1970	36,5	13,6	13,7	33,9
Ungarn	1960	21,9	14,2	20,8	41,9
	1970	27,0	...	18,0	38,0
DDR	1960	29,9	6,2	10,2	50,2
	1970	37,3	7,9	9,7	41,1
Polen	1960	20,2	16,7	11,2	48,2
	1970	27,5	15,3	11,1	41,8
Rumänien	1960	29,3	14,9	12,0	41,7
	1970	39,5	12,9	12,9	31,3
UdSSR	1960	27,9	13,2	12,8	42,8
	1970	33,6	12,3	12,8	37,4
ČSSR	1960	32,2	6,6	20,1	37,4
	1970	39,4	9,1	17,3	29,7

Tabelle 6 b

Grundfondsdynamik der Volkswirtschaft
(jahresdurchschnittliche Zuwachsrate 1960 - 1970, in Prozent)

	Volkswirtschaft insgesamt	Produzierende Bereiche	Nichtproduzierende Bereiche
Bulgarien	17,3	22,2	10,3
Ungarn	9,3	11,1	6,8
DDR	7,4	11,1	3,2
Polen	8,6	11,1	5,7
Rumänien	15,9	19,6	9,9
UdSSR	16,7	18,7	13,6
ČSSR	8,2	9,3	6,0

Tabelle 7

Beschäftigtenstruktur der europäischen RGW-Länder
(Volkswirtschaft insgesamt = 100)

Land	Jahr	Produzierende Bereiche, davon: Industrie und Bauwirtschaft	Landwirtschaft	Transport und Verkehr	Nichtproduzierende Bereiche
Bulgarien	1960	27,1	55,5	4,1	9,2
	1970	38,8	35,8	5,8	13,4
Ungarn	1960	34,0	38,9	6,2	14,3
	1970	43,7	26,2	6,8	15,2
DDR	1960	47,5	17,0	7,2	15,5
	1970	49,1	12,8	7,3	17,4
Polen	1960	32,2	44,2	5,3	10,2
	1970	35,0	37,3	4,7	11,9
Rumänien	1960	20,0	65,6	3,1	7,6
	1970	30,8	49,3	4,8	10,2
UdSSR	1960	32,3	38,7	7,2	15,4
	1970	36,8	27,5	8,0	19,8
ČSSR	1960	45,6	25,9	6,1	14,2
	1970	46,2	18,3	6,8	19,1

Tabelle 8 a

Entwicklung der Arbeitsproduktivität[1] in der Industrie der europäischen RGW-Länder im jeweiligen 5-Jahr-Zeitraum (in Prozent)

Land	Ist		Plan
	1965 (1960 = 100)	1970 (1965 = 100)	1975 (1970 = 100)
Bulgarien	139	139	141 - 145[2]
Ungarn	127	119	125 - 127[2]
DDR	131	132	135
Polen	128	128	131
Rumänien	145	142	142
UdSSR	125	133	139
ČSSR	119	129	130 - 132

1 Arbeitsproduktivität der Arbeiter und Angestellten in der Industrie

2 berechnet nach Angaben des 5-Jahr-Planes und des Rechenschaftsberichtes über die Planerfüllung 1966 - 1970

Tabelle 8 b

Jahresdurchschnittliche Steigerung der Arbeitsproduktivität[1] in der Industrie der europäischen RGW-Länder im jeweiligen 5-Jahr-Zeitraum (in Prozent)

Land	Ist		Plan
	1961 - 1965	1966 - 1970	1971 - 1975
Bulgarien	6, 8	6, 8	7, 1 - 7, 7[2]
Ungarn	4, 9	3, 5	4, 5 - 4, 8[2]
DDR	5, 5	5, 7	6, 2
Polen	5, 1	5, 1	5, 6
Rumänien	7, 7	7, 3	7, 3
UdSSR	4, 6	5, 9	6, 8
ČSSR	3, 5	5, 2	5, 4 - 5, 7

1 Arbeitsproduktivität der Arbeiter und Angestellten der Industrie

2 berechnet nach Angaben des 5-Jahr-Planes und des Rechenschaftsberichtes über die Planerfüllung 1966 - 1970

Tabelle 9 a

Entwicklung der Industrieproduktion der europäischen RGW-Länder bei Produktionsmitteln (Gruppe A) und Konsumgütern (Gruppe B) im jeweiligen 5-Jahr-Zeitraum (in Prozent)

Land	Ist				Plan	
	1965 (1960 = 100)		1970 (1965 = 100)		1975 (1970 = 100)	
	A	B	A	B	A	B
Bulgarien	193	157	176	160	168	150
Ungarn	145	150	133	141	...	...
DDR	136	127	141	128	...	...
Polen	159	137	157	137	152	142
Rumänien	207	165	184	158	184	165
UdSSR	158	136	151	149	146	149
ČSSR	132	125	141	135	...	...

Tabelle 9 b

Jahresdurchschnittliches Wachstum der Industrieproduktion der europäischen RGW-Länder bei Produktionsmitteln und Konsumgütern im jeweiligen 5-Jahr-Zeitraum (in Prozent)

Land	Ist						Plan		
	1961 - 1965			1966 - 1970			1971 - 1975		
	A	B	A:B	A	B	A:B	A	B	A:B
Bulgarien	14,1	9,4	1,50	12,0	9,9	1,21	10,9	8,4	1,3
Ungarn	7,7	8,4	0,92	5,9	7,1	0,83	...	...	...
DDR	6,3	4,9	1,29	7,1	5,1	1,39	...	...	...
Polen	9,7	6,5	1,49	9,4	6,5	1,45	8,7	7,3	1,18
Rumänien	15,7	10,5	1,50	13,0	9,6	1,35	13,0	10,5	1,24
UdSSR	9,6	6,3	1,52	8,6	8,3	1,04	7,9	8,9	0,94
ČSSR	5,7	4,6	1,24	7,1	6,2	1,15	...	...	...

Tabelle 10 a

Entwicklung des Reallohnes der Arbeiter und Angestellten in der Volkswirtschaft der europäischen RGW-Länder im jeweiligen 5-Jahr-Zeitraum (in Prozent)

Land	Ist		Plan
	1965 (1960 = 100)	1970 (1965 = 100)	1975 (1970 = 100)
Bulgarien	110	130	125[1]
Ungarn	109	118	116 - 118
DDR	113	119[2]	123 - 124[3]
Polen	108	110	117 - 118
Rumänien	122	120	120
UdSSR	109[1]	123[1]	120 - 122[4]
ČSSR	106	119[5]	113 - 116

[1] Reallohn pro Kopf der Bevölkerung

[2] nach vorläufigen Berechnungen

[3] Arbeitseinkommen der Arbeiter und Angestellten entspricht etwa auch dem Wachstum des Realeinkommens der Bevölkerung mit 122 Prozent

[4] Durchschnittslohn

[5] bis 1969

Tabelle 10 b

Jahresdurchschnittliches Wachstum des Reallohnes der Arbeiter und Angestellten im jeweiligen 5-Jahr-Zeitraum (in Prozent)

Land	Ist		Plan
	1961 - 1965	1966 - 1970	1971 - 1975
Bulgarien	1, 9	5, 4	4, 6 [1]
Ungarn	1, 7	3, 4	3, 0 - 3, 4
DDR	2, 5	3, 5 [2]	4, 2 - 4, 4 [3]
Polen	1, 6	1, 9	3, 2 - 3, 4
Rumänien	4, 1	3, 7	3, 7
UdSSR	1, 7 [1]	4, 2 [1]	3, 7 - 4, 1 [4]
ČSSR	1, 2	3, 5 [5]	2, 5 - 3, 0

1 Reallohn pro Kopf der Bevölkerung

2 nach vorläufigen Berechnungen

3 Arbeitseinkommen der Arbeiter und Angestellten entspricht etwa auch dem Wachstum des Realeinkommens der Bevölkerung mit 122 Prozent

4 Durchschnittslohn

5 bis 1969

Tabelle 11 a

Entwicklung des Einzelhandelsumsatzes in den europäischen RGW-Ländern im jeweiligen 5-Jahr-Zeitraum (in Prozent)

Land	Ist		Plan
	1965 (1960 = 100)	1970 (1965 = 100)	1975 (1970 = 100)
Bulgarien	144[1]	157	138 - 140
Ungarn	129	161	...
DDR	114	125	122[3]
Polen	142	140	...
Rumänien	161[2]	140	131 - 137
UdSSR	132	137	142
ČSSR	118	148	128 - 130

Tabelle 11 b

Jahresdurchschnittliches Wachstum des Einzelhandelumsatzes in den europäischen RGW-Ländern im jeweiligen 5-Jahr-Zeitraum (in Prozent)

Land	Ist		Plan
	1961 - 1965	1966 - 1970	1971 - 1975
Bulgarien	7,6[1]	9,4	6,6 - 7,0
Ungarn	5,2	10,0	...
DDR	2,7	4,6	4,1[3]
Polen	7,3	7,0	...
Rumänien	10,0[2]	7,0	5,6 - 6,5
UdSSR	5,7	6,5	7,3
ČSSR	3,4	8,2	5,1 - 5,4

[1] Angabe für 1960 enthält auch Dienstleistungen

[2] ohne Privathandel

[3] Warenbereitstellung für die Bevölkerung

Tabelle 12 a

Entwicklung der Elektroenergieerzeugung in den europäischen RGW-Ländern im jeweiligen 5-Jahr-Zeitraum (in Prozent)

Land	Ist		Plan
	1965[1] (1960 = 100)	1970 (1965 = 100)	1975 (1970 = 100)
Bulgarien	200	191	154
Ungarn	159	130	-
DDR	132	127	134
Polen	171	149	149
Rumänien	255	204	160
UdSSR	178	147	139 - 145
ČSSR	140	132	137

Tabelle 12 b

Jahresdurchschnittliches Wachstum der Elektroenergieerzeugung im jeweiligen 5-Jahr-Zeitraum

Land	Ist		Plan
	1961 - 1965[1]	1966 - 1970	1971 - 1975
Bulgarien	14, 9	13, 8	9, 0
Ungarn	8, 9	5, 4	-
DDR	5, 7	4, 7	6, 0
Polen	11, 3	8, 3	8, 3
Rumänien	20, 6	15, 3	9, 9
UdSSR	12, 2	8, 0	6, 8 - 7, 7
ČSSR	7, 0	5, 7	6, 5

[1] Elektroenergie und Wärme

Bei Fragen zur Produktsicherheit wenden Sie sich bitte an:
If you have any questions regarding product safety,
please contact:

Walter de Gruyter GmbH
Genthiner Straße 13
10785 Berlin
productsafety@degruyterbrill.com